談判力
就是你的超能力

從工作到生活，結合理論與實務，精闢解析談判五大元素，
一次學會20個談判致勝關鍵，現學現賣，即學即用

談判培訓師
鄭立德——著

AI時代下的
雙贏談判力

推薦序

雙贏是不會從天上掉下來的！

東吳大學政治系教授、和風談判學院創辦人／劉必榮

　　我很高興為立德這本書寫序，因為它真的很好看，也很容易上手。很多人以為談判是一門很艱深、很難啃的學問，讀了這本書你就會發現，談判其實很容易。只要觀念與技巧對了，每個人都有可能成為談判高手！

　　立德初上我談判課大概是十幾年前吧！當時他在企業擔任講師，對談判極有興趣。上了我很多談判課，也上了我的講師班，並跟著我一起去大陸上課。

　　後來他離開企業，自己成立管顧公司，也開始講授談判，培養出自己的粉絲群。看著他這樣成長我很開心，因為我一直把推廣談判的藝術當成一個社會啟蒙運動，越多人加入，讓這門藝術與智慧受到更多人的重視，社會就越有可能雙贏。

　　當初我因為王羲之《蘭亭集序》的「惠風和暢」四字，把我的談判學取名「和風談判學院」，其實我還有另一個口號，那就是：「加入和風，一路春風！」現在在看這本書的朋友，有興趣都可以加入我們的行列，一起研究談判，推廣談判觀念！

　　為什麼要推廣？因為我們希望能夠創造雙贏的結果。這個社

會衝突太多，很多人其實不是不願意好好解決衝突，但是他們不知道該怎麼做。雙贏是有方法的，但需要學習。**談判，就是創造雙贏的最佳途徑。**

可是雙贏不會從天上掉下來，你必須要談，要爭取你的權益。立德在書中寫得很好：「本來想，忍一時之氣，風平浪靜。結果是，忍一時之氣，變本加厲！」、「原以為退一步想海闊天空，結果是退一步想啥都沒有！」

我們過去老認為「吃虧就是占便宜」，其實不一定。我們以為忍讓是一種修養，謙遜是一種美德，其實我們只是沒有認真面對過眼前的衝突。沒有面對過衝突，當然也不會思考如何解決衝突。沒有面對只會閃避，最後被欺負了，只會自怨自艾，然後自己安慰自己一下：「不是不報，時候未到。」

可是這樣有用嗎？立德在書中舉了很多實例，告訴你其實很多事你是可以爭的。要敢爭，要會爭，才有可能爭取到我們應得的利益。可是爭不是要你咄咄逼人，還是要留一條路給人家走，這才是談判者所講究的真修養：「**贏者不全贏，輸者不全輸。**」

我們唸政治的，常說政治是「讓事情成為可能的藝術（the art of possible）」。為什麼這些看似艱難的事會成為可能？就是妥協。妥協不是讓步，是交換，是留一點給對方。

美國前總統雷根被稱為「偉大的溝通家（the great communicator）」，他的幕僚就說，雷根之所以成為偉大的溝通家，在

於他從來不要 100 分。

試想，如果他什麼都求全勝，都要 100 分，那對方就只能 0 分，對方會不反彈嗎？一旦來個魚死網破，你什麼都得不到。所以他只要 80 分，這樣對方還有 20 分，反彈的力度就會少一點，成功的機會也多一點。所以雷根主張「less is more」，少要一點，成就多點，這才讓他成為偉大的溝通家。

我覺得這很適合我們今天的政治人物三思，大家都嘴裡講溝通，骨子裡都想全贏，這怎麼可能成呢？

立德的書裡面，很多也在闡述這個概念。用實例告訴讀者，雙贏到底是怎麼樣「煉」出來的。立德很會說故事，也很會從電影裡面找題材。很多時候我都請他幫我在電影裡面找談判故事，今天他把這些故事都寫出來了，我也趕緊先睹為快。

這是為什麼我說這本書很好看的原因。他書裡面的案例涵蓋面也非常廣，包括應徵面試、加薪、裁員跳槽、客訴處理、保險理賠，從職場到商場到家庭，真正驗證了「**談判無所不在**」這句話。所以這本絕對不是教採購或業務的書，它是人人都可以閱讀的「談判教戰手冊」。

所以如果你對談判有興趣，想學談判又怕談判謀略太艱深進不去，立德這本書絕對是開啟談判大門的一本書。我很高興也很榮幸能為這本書寫序，也歡迎大家進入研究談判的殿堂，有了超能力之後，一路春風！

推薦序
讓你成為真正的「談判專家」

世邦魏理仕（CBRE）臺灣董事總經理／朱幸兒

　　我和 Leader 是在 2014 年 7 月 4 日認識的，一轉眼已過了 5 年，當時是因為公司舉辦員工教育訓練，同事推薦了在「溝通」、「銷售」及「談判」等領域具備十多年豐富實務與專業教學經驗的 Leader 來擔任講師。

　　該次訓練講座獲得了全體同仁極為熱烈的迴響，而我本人也受益良多；此後，也開始了我和 Leader 之間亦師亦友的關係。這些年來，我們常有機會就工作上有關溝通談判、領導統御、服務銷售及團隊激勵等議題交換意見及心得，因而也讓彼此都能相互學習成長。

　　欣聞 Leader 即將出書，將其多年的所知所學與人生的親身經歷和體驗，透過多元豐富的實際案例和真實故事，以簡潔清晰易懂的文字，化為實用可行的教戰守則，讓未能親臨課堂受教的讀者，能夠從閱讀本書當中有所收穫，並能達到 Leader 撰寫此書所希望達到「懂得談判」、「知彼知己」、「有效說服」及「創造雙贏」的四大目標，並進而讓讀者爾後面臨各種大大小小不同議題的溝通談判時，都能夠運用閱讀此書所學，讓談判的結

果「可以未必最好，但會更好；不求全拿，但得更多及越談越有利的圓滿結局」。

　　筆者 20 多年來的職場生涯，一直都是從事業務性質工作並擔任管理職，其間所參與經歷的大大小小談判，可說不計其數，其中有的成功，有的失敗，深知談判能力不是與生俱來，每個人的口才和談判能力，是可以透過學習訓練和不斷的閱讀而自我提升。此外，實務經驗的累積也相對重要。

　　「古今多少事、盡付談判中」，在每日的生活和工作中，也處處可見談判的重要性。舉凡親子關係、兩性婚姻、購物消費、環保議題、勞資糾紛、國防外交、個人權益、行銷買賣、警匪談判、企業併購、公司管理、兩岸關係、國際局勢，無一不需要靠談判來化解歧見、解決紛爭、達成共識。因此我們每個人都應訓練自己解決問題及提升溝通談判的技巧和能力，只有你的談判力不斷精進，才能在每一次的談判當中幫你增加自信、解決問題、化險為夷並得到更多。

　　市面上以「談判」作為主題的書籍極多，只要上網路書店搜尋「談判」二字，出現跟談判有關的不同書籍和有聲書，就有數十本之多，筆者也曾經購買閱讀過其中數本，發現許多談判書籍內容多以教條式的專業理論，教導讀者談判的專業和技巧，並多半引用過時之案例，有時讀來不免沉悶無趣，無法引起共鳴且不易吸收，而閱讀 Leader 的此書，發現與坊間其他「談判」類似

書籍相較之下，至少具備下列數個不同特點：

1. 內容生動有趣、易懂實用；
2. 提綱挈領、容易閱讀，輕鬆幫助談判力加速升級；
3. 文筆流暢、案例多元詳實且生活化，可即學即用；
4. 看電影學談判、寓學習於娛樂；
5. 理論與實務結合運用、不流於空談理論；
6. 精闢剖析談判五大元素，將 20 個談判關鍵點無縫接軌於現實生活中；
7. 除教授談判技巧外，更傳達正確談判心態和價值觀；
8. 幫讀者專業精進，解決問題，打開僵局，得到更多。

以上足見 Leader 的此書無論對於有志學習談判，或希望再精進提升自身談判能力的讀者，都是一本值得閱讀的好書。

相信看過電影《復仇者聯盟》系列或是《驚奇 4 超人》的讀者，應該都會羨慕劇中主角們擁有飛天遁地、發電噴火、隱形等各種特異功能，很遺憾的是我們幾乎所有人都無法具備這樣的超能力，但是有關「談判力」之養成，誠心推薦大家閱讀 Leader 的這本新書並融會貫通，在生活和工作中實際運用書中所教導的各種心法和觀念，相信大家都可以開始擁有「談判力」的「超能力」，進而成為真正的「談判專家」。

談判力是終身學習的累積

愛爾達電視創辦人暨董事長／陳怡君

　　筆者與鄭立德顧問結緣於臺大教授江炯聰的「賽局理論」課程，對鄭顧問的第一印象是文質彬彬、謙恭有禮，但沒想到在課堂上分組模擬談判時，這位斯文的鄭顧問搖身一變，成為一位辯才無礙、條理分明的談判專家，把賽局理論的第一步「威、逼、利、誘」充分運用，主導談判全局。鄭立德顧問自身擁有豐富的業界講師經驗，也親身參與多個談判個案，談判功力不言而喻。

　　本書是鄭立德顧問把自身所見所聞的談判案例編輯而成的一本精彩實用的談判教戰手冊，內容淺顯易懂。本書一開始即以幽默風趣的自序開場，讓讀者拜讀後會心一笑，心有戚戚焉，而當進入正文後，提綱挈領的分類，可讓讀者一目了然，如：什麼是談判力？何時需要談判？為何要學談判？深入淺出的筆觸，使讀者興味盎然，不知不覺地繼續閱讀吸收書中的理念與精華。

　　其中，談判案例雖隨著章節的不同，環扣著不同主題，但相同的是為讓讀者感同身受或貼近生活經驗，除引用廣為人知的電影情節外，亦將自身所閱所聞之豐富經歷，以真實誠懇的態度撰寫於書中，與讀者分享。讓讀者可在輕鬆心情下，一窺多面向的

談判情境，心領神會談判前的事先準備、談判中的交手及談判後的應對訣竅。多讀本書幾次，熟能生巧，當可掌握先機，靈活運用於自身談判上。

筆者認為談判力的培訓已是專業經理人必要的學習，不論是在企業內部的經營管理或是外部的業務洽談，都是一種談判。談判是門藝術也是技術、談判要靠實力也要靠手段、談判的結果可能是雙贏也可能是雙輸。

談判的能力是終身學習的累積，從失敗和成功的經驗學到下次致勝的元素，因此它是一門理論結合實務的學問。筆者在商場上也曾經歷過許多談判事件，特別是在節目賽事版權的談判，例如 2008 年北京奧運新媒體轉播權的取得。這是奧運首次開放新媒體的轉播權，當時全球首張新媒體授權許可就是由筆者的公司（愛爾達科技）所拿下。為取得這張授權許可，筆者曾與國際奧會（IOC）洽談許久，當時彼此有各自的立場與考量。最後，在創造價值、尋求雙贏的情況下順利取得授權，讓臺灣的觀眾可以欣賞到以 HD 高畫質作轉播的北京奧運。

人生無處不談判，隨時在談判！無論是市井小民的市場買賣、為人父母的兒女教養，抑或是商賈高官的談判議案，都十分需要書中所教導的雙贏談判力，為了符合時代的潮流，也為了讓自身的生活更美好，本書絕對是您值得一看再看的實用佳作。

推薦序

談判是非常重要的必備技能

欣台保經董事長／蘇晉川

立德是我以前的同事，跟我共事多年。他是一位專業的講師，以往專職公司內部教育訓練，以及負責公司合作通路的教育訓練工作。從國泰人壽組訓一直到台新銀行關係企業的專任講師，到最後他自行創業，他的專業領域主要是在銷售、談判、溝通還有團隊的激勵，是一個不可多得的業界專業人才。

談判是我們這個年代實用的技巧，不管是食衣住行，各種生活、就業、商場談判、國與國之間的交涉、下對上的溝通及上級對下級要求……等等，都需要用到談判技巧。

「談判」事實上就是溝通跟協調，以期謀取雙方最大利益。未必最好，但可以更好；不求全拿，但可以更多，希望可以越談越有利。談判也是要有技巧，不能太過堅持，到時候兩敗俱傷，「寧為玉碎，不為瓦全」這是彼此最不想看到的結果。所以談判是人人都相當需要的一種能力，尤其是現在從應徵面試，到要求加薪，或是解決消費者爭端，甚至是客訴處理……等等，這些都需要談判。

在金融界，不管是銀行或是保險公司，碰到的客訴案件非常

多，像是本書裡面談到保險發生的案例，客戶投資保單虧損卻不認帳，一定要拿回原來所繳保費的全部金額；或是連動債虧損，客戶來投訴；或銀行農會櫃臺發生保單的糾紛……等等，這些常常都會在金融界看到。最後書中提到立德本身的案例，他去大賣場撞到頭破血流，公安意外的賠償，事情發生的時候，他有跟我討論應該要怎麼樣來處理，後來立德也秉持著他的談判專業、耐心跟耐性，最後圓滿的解決。

所以「談判」在我們生活裡面是非常重要的必備技能，這本書的內容化繁為簡，透過真實生動的案例，讓大家可以很有趣地來學習。透過他的提綱挈領與流暢的文筆，不必長篇大論，讓我們可以現學現賣，即學即用。這本書裡面還有一段滿有趣的，就是「那些電影教我的談判人生」，透過看電影學到的那些案例，實在是獲益良多。

這本書是理論跟實務的結合與運用，內容講到談判的五大元素和二十個致勝的關鍵點，統統把它無縫接軌到現實當中。**本書還有一個重點，就是他不只是談「談判技巧」，更重要的是傳達正確的「談判心態」跟「談判價值觀」。**要上談判桌之前，先把談判的心態建立起來，可能會遇到什麼樣的狀況，你心中要有個底線，這些談判的價值觀在書裡面都有提到，我覺得非常好。

最後，談判雖然說是在極力爭取自己最大的利益，但是立德在結語部分特別談到老子《道德經》第四十四章，最重要就是要

懂得滿足、節慾不貪，就不會受到困苦，懂得適可而止，知所進退，就不容易陷入危險。

在現今的社會，我們最好的防備就是充實自己，當自己有實力的時候，碰到談判的事情，我們有實力去讓一點小利，讓這個事情變得更圓滿，而不是事事都要計較。適可而止，知所進退，就不會陷入危險。最終得以綿延不絕，長承久遠，我覺得這是一個最好的結局。這本書非常實用，我相信本書出版之後，會是洛陽紙貴、不斷地再版！

我們希望談判的知識跟技巧，還有基本的價值觀與心態，透過這本書，透過立德的推廣，可以讓這個社會上更多的人，不管在生活的方方面面都擁有這些技巧，擁有這些觀念，在人際關係的處理上面，大家會更圓融，可以達到一個雙贏的境界。

這本書我相信看了、用了，會彰顯出它的價值，最怕的是束之高閣，下次碰到需要溝通、協調或是需要談判的事情，我們又忘了這本書傳授給我們的技巧，那就太可惜了！希望各位讀者有幸讀到這本書可以學以致用，這是一本有趣的書，也是一本實用的書。最後，我也祝福立德未來在講師的工作生涯及作者的這兩個角色都扮演得非常成功。除了這本書之外，我們也期待他下一本更精彩的書。祝福立德！

母親教我的談判學

什麼是談判？買賣東西討價還價，殺得難分難捨，欲走還留，算不算談判？

小時候，常跟母親去我家對面的傳統市場買菜，每次到了賣青菜的攤位，母親都會很自然地跟賣菜阿姨說：「這菜怎麼賣？怎麼那麼貴？算便宜一點啦！那妳送我一把蔥好了，不然我去別攤買喔！」

糾纏到最後，賣菜阿姨通常一臉不情願地說：「好啦好啦！妳是老客戶才有喔！下次不能這樣了！」但下次通常還是這樣，所以我們每次都會帶著免費的青蔥「凱旋」回家。

那時年少不懂事，我和老姊總是想不通，從買菜到買衣服，為什麼老媽買什麼都要殺價？讓我們姊弟倆覺得實在很丟臉，就為了省那幾塊錢，有必要殺得那麼誇張嗎？

剛出社會工作時，我也常自己逛市場買菜，從小耳濡目染，「中毒很深」的結果，跟老媽一樣，總會忍不住地跟賣菜的阿姨說：「這菜怎麼賣？怎麼那麼貴？再便宜一點啦！要不然妳送我一把蔥好了！」

但阿姨的回應，怎麼跟我想的完全不一樣？她說：「年輕人，你有沒有搞錯？現在蔥很貴耶！真是吃米不知道米價！要不然這

樣，你買一把蔥，我送你一把青江菜如何？」

這……什麼狀況？世界變了，時代不一樣了，「價值」隨「時」不同、因「人」而異！

雖然因為時空背景不一，對象不同，使用的人不同，結果也有所不同。但是，「有臺詞」總比沒臺詞好，「有話術」總比沒話術好，「有談」總比沒談更加有利。

現在回想起老媽那些殺價的臺詞，才發現那不僅是買賣還價的技巧，也是一種談判話術。

少不更事，長大後才知道，原來老媽是個談判高手，靠著她省吃儉用及無數次成功的談判議價，拉拔我們長大。母親辛苦了，您真偉大！

我的老師，華人界的談判大師，和風談判學院創辦人——東吳大學政治系劉必榮教授有句名言：「贏者不全贏，輸者不全輸！談判不是白馬（Yes 肯定句），也不是黑馬（No 否定句），而是斑馬（If 條件句）！」

就如同老師創立和風談判學院的初衷，「和風」兩字取自於王羲之的《蘭亭序》：「是日也，天朗氣清，惠風和暢。」若人人學會正確的談判價值觀與談判技巧，則大地吹起一陣徐徐和風，社會將多些祥和，少些衝突與爭執。這也是劉老師到處推廣談判教育的核心理念，深深打動我。希望能不斷充實自己，幫助更多人學習「談判」這件事，將「和風談判」的精神與理念，發

揚光大！

身為專業講師，我主講的「樂活五力」包括「有效溝通力」、「成功銷售力」及「雙贏談判力」，在我看來，其實「溝通」、「銷售」、「談判」，只是層次上的不同，溝通和銷售大多是一對一，而談判常常是多對多的「局」，例如國際外交談判、兩岸談判或商務談判等。

看得更高更遠，想得更多更深，則談成的機率就相對提升。但無論如何，「**溝通能力**」永遠是最基本的要求，切莫捨本逐末，凡事必稱「談判」，工於談判技巧、策略與戰術，而忘記了唯有「**正面、良好、有效的溝通**」，才是雙贏互利談判的根本之道！

寫這本書的初衷和目的是：希望將多年來在談判上的所知所學，彙整我的人生經驗與體驗，透過豐富有趣的實務案例、最新時事與電影故事，藉由化繁為簡的文字，深入淺出地說明「談判」這件事。

「什麼是談判？」、「何時要談判？」、「何時談判比較有利？」、「誰來談判？」、「為何要談判？」、「如何學談判？」、「如何談判？」……

上談判桌前，檢視自己談判的成功關鍵點，問問自己：

- **你清楚對方的實力嗎？**
- **你明白自己的能力嗎？**
- **你了解真實的人性嗎？**

- 你知道自己要什麼？憑什麼？
- 你知道對方要什麼？憑什麼？
- 有沒有掌握談判「人、事、時、地、物」的五大元素？
- 你有同理心，能將心比心，仔細聽出對方的「需求」或「虛實」嗎？
- 你具備談判說服的能力嗎？
- 上桌談判如何出牌？何時出牌？如何進行談判的攻防與推擋？
- 談判讓步有哪些重點？如何收尾，取得承諾回家？有哪些應該注意的細節要知道？

學習談判，不僅學話術、技巧、方法、戰術、策略、藝術，更要學習談判的人生價值觀。談判沒有那麼「爾虞我詐、高深莫測」，但也不是三言兩語就可輕鬆道盡！

人人會談判，處處更和諧，「爭取」本該屬於你的權利或利益；「讓步」給對方一條能夠回家的路，並具備分辨「爭取」與「讓步」的智慧！雙贏談判力，越談越有利！

感謝老媽這輩子的教養之恩，她是我奮鬥的力量，沒有她就沒有今天的我；感謝老師劉必榮教授一直以來的教誨、鼓勵與支持，點亮談判的明燈，開啟談判的智慧，協助我走上學習談判、分享談判、傳遞談判價值的康莊大道。

　　這本書，獻給在天上我最敬愛的老爸，對您有著無盡的思念與感念！

　　這本書，送給我今年五月才剛滿三歲的兒子辰辰，希望他未來能藉由此書，了解他老爸當年在學什麼？想什麼？教什麼？寫什麼？如何幫助更多的人過更好的生活？

　　感謝我太太Debby，和所有支持過、鼓勵過、教導過我的人，以及因本書結緣的您。

　　這本書，誠心為您而寫：

　　人爭一口氣，花香蝶自來；

　　向著陽光走，希望永遠在！

　　親愛的讀者，歡迎來到有趣、有用、有條理、「不求全拿，但得更多」的談判「心」世界，準備好學習並培養你的「談判超能力」了嗎？

　　讓我們繼續看下去，Let's Go！

目次 Contents //

推薦序：雙贏是不會從天上掉下來的！／劉必榮　2

推薦序：讓你成為真正的「談判專家」／朱幸兒　5

推薦序：談判力是終身學習的累積／陳怡君　8

推薦序：談判是非常重要的必備技能／蘇晉川　10

自序：母親教我的談判學　13

前言　22

第一篇　輕鬆學談判的 5W1H

一、什麼是談判？（What）　26

「談判」的定位　27

議題權力≠整體權力　29

打開僵局・解決問題　33
» 談判案例　2009 金融大海嘯：「連動債千萬理賠的客訴談判」

利益交換・各取所需　38
» 談判案例　電影《無間道》：「黑白兩道臥底的生存談判」

創造價值・尋求雙贏　42
» 談判案例　Epson 投影機：「舊機價格的新機殺價談判」

策略布局，衝突管理　44
» 談判案例　台化彰化廠許可撤銷事件：「民不跟官鬥的黑白臉談判」
» 談判案例　陸劇《精忠岳飛》：「金國滅宋的內部談判」
» 談判案例　電影《最黑暗的時刻》：邱吉爾與內閣「大戰或談判」的內部談判

二、何時「需要」談判？（When）　51
» 談判案例　外商公司併購下的「薪資談判」

三、在哪個「場地」或「情境」下談判？（Where）　53
» 談判案例　花蓮五星級飯店的假日住宿優惠談判──我是來講課的！

四、誰要「來」談判？（Who）　57
» 談判案例　保險公司團險理賠：「糖醋排骨的斷齒拒賠談判」
» 談判案例　物理治療所≠醫院或診所，孕婦扭傷的中醫治療理賠事件
» 談判案例　金融消費爭議：住院保險理賠金談判案例

五、為何要「學」談判？（Why） 65

    » 談判案例　從美國到加拿大：望子成龍的 330 堂高爾夫教練課

六、如何「學」談判？（How） 72

    » 談判案例　會「談」得更多：依法行政，公事公辦的洗車賠償談判

七、談判的詩意與藝境 79

第二篇　雙贏談判輪，你得多少分？

一、從「人生幸福輪」到「雙贏談判輪」 86

    人生幸福輪 86

    雙贏談判輪 88

二、知彼知己，百戰不殆（DISCovery） 90

    DISC 小測驗與四大談判性格分析 91

    » 談判案例　電影《關鍵少數》：種族歧視——爭取工作權的法庭談判

三、我教的不是「談判」，是「人性」！ 106

    登門檻效應（Foot In The Door Effect） 107

    留面子效應（Door In The Face Effect） 112

    » 談判案例　收玩具的親子談判學

    » 談判案例　開腦更開心！「打八折的翻轉人生」

四、目標設定，莫忘初衷 119

    » 談判案例　IKEA：「旋轉椅組裝流血事件之賠償談判」

五、談判二心——誠心「同理」＋用心「傾聽」 122

    » 談判案例　電影《王牌對王牌》：看含冤待雪的談判專家，如何運用同理心
    與親和感，保命逆轉勝？

六、穿透人心的「談判說服力」 129

    » 談判案例　電影《型男飛行日記》：「裁員高手的談判技巧」

    現學現賣，即學即用的「談判話術精選」 131

    犀利有勁的「川普談判學」 133

七、上談判桌的「出牌與攻防」 135
　» 談判案例　陸劇《羋月傳》：秦國談判代表張儀及義渠王──陪嫁公主的人質救贖談判

　談判的出牌 141

　談判的攻防 142

八、下談判桌的「讓步與收尾」 143

　談判的讓步與收尾 145

　談判前後的八問六想 146

第三篇　談判的五大元素

一、「人」的談判元素 150

　性格 150
　» 談判案例　石從天降，驚天一砸：「大安區颱風天外牆大理石砸車事件：超額理賠談判」

　能力 154
　» 談判案例　韓片《極智對決》：女性談判專家的魅力！

　關係 155
　» 談判案例　銀行理專 vs.85 歲的張阿姨：「基金不認賠的高齡客戶談判事件！」

　陣營 158
　» 談判案例　東京租屋烏龍事件，「買賣雙方都不買單的談判」

二、「事」的談判元素 161

　議題 161
　» 談判案例　礁溪五星級酒店：「柳暗花明又一村的房價優惠談判」

　選項 164
　» 談判案例　陸劇《談判官》：併購談判的困境

　利益 166
　» 談判案例　日片《交涉人》：女性談判專家的魅力！

　順序 168
　» 談判案例　銀行租房殺很大：「有沒有搞錯？第一年免費的租約談判！」

三、「時」的談判元素　172

時間：充分布局（How）　172

時機：伺機出牌（When）　172
» 談判案例　顏值高不如位階高：空姐罷工，一定成功！
» 談判案例　電影《赤壁（上）》：「諸葛亮的吳蜀抗魏生死結盟談判」
» 談判案例　陸劇《軍師聯盟》：「司馬懿的吳魏攻蜀分化結盟談判」

期限　188
» 談判案例　屏東暖冬遊：沒收據不給錢，火氣很大的「逆轉勝談判」

議程　192
» 談判案例　電影《海闊天空》：也許我們可以一起把餅做大
　　　　　　——「侵權談判」或「合夥談判」？

四、「地」的談判元素　198

地點　198
» 談判案例　當阿珠變阿花，美容美體中心「價值 30 萬元的 VIP 券退費談判」

情境　200
» 談判案例　電影《談判專家》：警匪機智對決談判——老闆永遠是對的！

退路　203
» 談判案例　陸劇《那年花開月正圓》：棉商買賣議價談判

底線　207
» 談判案例　比吃土更有價值的音樂會門票

五、「物」的談判元素　210

資源（Resource）　210

資訊（Information）　210

標準　211

承諾　212
» 談判案例　知名大賣場的「週末暗夜喋血事件」——公安意外理賠談判

結語　236

前言

本來想：忍一時氣，風平浪靜；結果是：忍一時氣，變本加厲；
原以為：退一步想，海闊天空；最後是：退一步想，啥都沒有！

這年頭，無論你在哪個行業或職位，不管你是 X、Y、Z 哪個世代，不了解人性，就等著 GG；不懂得談判，只能說遺憾。在這個人工智慧（AI）與大數據（Big Data）時代下，人人都應具備的基本能力，就是**雙贏談判力**！

從「應徵面試」、「要求加（減）薪」到「裁員跳槽」；從「解決消費爭議」到「面對客訴處理」；從「誰負責接送孩子？」到「誰有權監護孩子？」；從「爭取保險理賠」到「公共意外怎賠？」……談判，無所不在！

從諸葛亮「赤壁之戰，吳蜀生死結盟談判」，古今多少事，到司馬懿「關公之死，吳魏分化結盟談判」，盡付談判中！

無論國際外交，兩岸協商；商業交涉，買賣議價；勞資糾紛，損害賠償；或是企業併購，公司經營；面試裁員，領導管理；兩性親子，人際關係；戰場、商場、職場、家庭、工作、生活……人生無處不談判。

　　「談判力，就是你的超能力」主要教您：

　　如何將正確的談判觀念、技巧、策略、心法、態度及價值觀，自然而然、化繁為簡地融入日常生活，並運用在您的事業與工作中。本書列舉了大量真實的生活案例、重要時事及電影中的經典談判情節，鉅細靡遺、生動有趣地解析：如何發揮個人的優勢談判力，為自己爭取更多利益，並替對方想好回家的路，創造雙贏的最佳契機！

　　不求全拿，但得更多；輕鬆學談判，現學能現賣！

第一篇

輕鬆學談判的 5W1H

一、什麼是談判？（What）

二、何時「需要」談判？（When）

三、在哪個「場地」或「情境」下談判？（Where）

四、誰要「來」談判？（Who）

五、為何要「學」談判？（Why）

六、如何「學」談判？（How）

七、談判的詩意與藝境

一、什麼是談判？（What）

　　在「雙贏談判力」的課堂上，我常請教學員五個簡單的問題，讓他們自問自答，這五個問題是：

　　1.什麼是「談判」？

　　2.在我的生活和工作中，何時需要「談判」？

　　3.學會「談判」對我有什麼幫助？

　　4.我印象中最深刻的「談判」經驗是（成功或失敗）？

　　5.在今天的「談判」課程中，我希望學習、獲得或改變什麼？

　　在閱讀本書的一開始，我也想請教大家：「翻開這本書，進入談判的異想世界，你——來此做甚？」

　　首先，一講到「談判」，你會想到什麼呢？

　　溝通、銷售、說服、說話、妥協、協商、條件、籌碼、爭執、對峙、僵局、方法、技巧、策略、利益、衝突、敵對、推擋、攻防、立場、底線、讓步、商務、損失、賠償、代價、法院、仲裁、調解、和解、金錢、婚姻（結婚或離婚）、恐怖分子、綁匪……

　　有人說：「談判就是溝通！」

　　有人說：「談判是為了得到想要的東西！」

　　也有人說：「談判就是要達成共識！」

　　很多人一聽到談判，就覺得很遙遠，跟他無關；也有許多人一想到談判就頭大，覺得很難。無論如何，生活和工作，處處是談判。

　　談判不是最終目標，而是達成目標的方法和手段。談判不是道德，只是一個選擇。所以警方要跟綁匪談判，美國川普總統得要跟北韓領導人金正恩會談。談判不是非達目的不可，有時也可能只是作秀、欺敵、情報搜集，或拖延時間。

「談判」的定位

　　「談判」是為了解決問題、爭取利益、達成共識、尋求雙贏所共同決策的過程！

　　這裡有三個重點：

1. **共同**：所以一方能決定的不算談判！
2. **決策**：談判不是打仗，是一種思維方式，做人處事的素養和價值觀！
3. **過程**：這一回合會影響到下一回合！

　　舉一個日常生活中的簡單例子：我兒子辰辰今年 5 月才剛滿三歲，有時候早上看卡通，上學時間到了卻不願意關電視，得寸進尺地吵著還要再看一下，坐在地上耍賴，堅持不上學，這讓我很火大。

　　當然，我可以用打用罵的拉他去上學，但你可以想像這會是

怎樣的畫面嗎？一個老爸，拖著一個一把鼻涕一把眼淚的小男孩遊街，沿路還不斷斥責小男孩，要他別哭了，走快一點。路人大多會對這個小男孩報以同情的眼光，並且用不屑的眼神看著這老爸，心裡咒罵著：「多可憐的小男孩呀！一早就被沒耐性的老爸家暴！」他們搞不清楚，其實我才是「被家暴」的受害者！

正因為這絕不是我要的畫面，所以我得跟兒子好好談判。

1. 表面看來「上學」這件事，父母有絕對的權力（Power），但實際上是父母和孩子共同決定的事。

2. 因為父母並不想用太極端的手段強迫兒子去上學（當然有的父母並不介意），這是一種教養小孩的價值觀。

3. 如果今早孩子不遵守約定：「看完卡通就關掉電視去上學」，明天起床就不准看卡通，直接上學（談判的每一回合都有關連）。

《孫子兵法》說：「兵無常勢，水無常形。」所以談判時要認清現況和局勢，順勢說服或臣服！

談判的「獨孤三勢」：

1. **局勢**：目前的大環境如何？哪些人出現在這個談判的「局」當中？我掌握到的資源與資訊是？

2. **形勢**：綜合目前的情況，現在談判對我有利還是不利？如何有利或怎樣不利？該如何因應方為上策？

3. **趨勢**：整體大環境的風向往哪吹？情況會越來越好，還是每況愈下？我的下一步要怎麼做？

💬 議題權力 ≠ 整體權力

也許你整體 Power 大，但在某些時點或議題上，我占盡優勢，所以你得跟我談。就如同在警匪人質談判中，香港飛虎隊、美國 FBI 雖然火力強大，兵源充足，但因為歹徒手上有人質，而且一個都不能死（警方沒有什麼 80％ 達成率的問題，人質的存活率要百分百，這是唯一目標的底線），所以歹徒在談判中占有一定優勢，在人質事件這個議題上，綁匪具有談判的 Power。

在談判中：

＊**強者不恆強**：若是一枝獨秀，市場及資源盡在其手中，則睥睨天下，所向無敵，何需談判？

＊**弱者不恆弱**：要不是手上握有對方想要的東西，對方有求於我，否則敵眾我寡、敵強我弱，彼此的實力懸殊，怎敢談判？

＊**贏者不全贏，輸者不全輸**：談判不是 Yes（肯定句），也不是 No（否定句），而是 If（條件句）。談判必須有彈性，不馬上接受，不斷然拒絕，而是提出另一種選項，看有沒有談成的機會。利益交換，各取所需，才是王道！

> ## 生活中的談判點滴

Mary 是一位被情緒勒索、言語霸凌長達六年的媳婦，忍無可忍地跟大年初二半夜打電話去娘家吵鬧的婆婆談判。

「如果妳兒子要繼續當孝子，我尊重他，隨時都可以簽字。離婚對我而言，只是一種輕鬆的解脫，沒在怕的。我會自己好好把兩個小孩帶大，不用妳們費心。妳知道我家的背景和經濟狀況，即使到法院打官司，應該也不會輸。就算無法好好相處，我們也要畫一條界線，好好講清楚！」

・談判對手分析：

欺善怕惡又膽小，以為先吵先贏，輸人不輸陣，還停留在舊時代觀念，一心要把媳婦踩在腳下的傳統婆婆。

・談判策略：

忍無可忍，不用再忍，先聲奪人地翻桌出牌反擊，明確讓對方知道自己的談判實力、底線與退路！

・談判結果：

婆婆不再惡言相向，媳婦至少保有目前風平浪靜，相安無事，一南一北互不侵犯的生活。

生活中的談判點滴

70 歲的劉媽媽，鄭重提醒 79 歲全身都是病、一提到要找外傭來就發飆的劉伯伯：「找外傭來不是照顧你，而是要照顧我！我老了，也病了，真的做不動了，還要照顧你！我得找一個外傭來幫我分擔粗重的家事，協助我打掃家裡、買菜做飯，這樣我才能專心照顧你，當你的專職護士，把你照顧好，也把自己照顧好，你說好嗎？」

・談判對手分析：

擔心外傭無法照顧好自己，更擔心一旦外傭來，劉媽媽就不會再全心全力照顧他的劉伯伯。

・談判策略：

站在另一半的立場，為對方利益著想，激發同理心及恐懼感！

・談判結果：

劉伯伯終於放心地讓外傭入住家裡，大大提升了自己的照護品質，同時也減輕了劉媽媽的照護負擔，這是個雙贏的談判結果。

生活中的談判點滴

事先說好，到公園玩耍，去程由爸爸抱，回程就自己用走的兩歲兒子，在回程時跟爸爸說：「爸爸，我最愛你了，加油，你很

厲害的！你可不可以抱抱我？」

・談判對手分析：

面對兒子撒嬌就束手無策，舉白旗投降的老爸。

・談判策略：

對兩歲的小孩而言，應該不是策略，而是本能和天性。

・談判結果：

老爸一路抱著兒子走回來，父子都很開心，一樣是雙贏。

＿＿＿＿＿＿＿＿＿＿
| 生活中的談判點滴 |
＿＿＿＿＿＿＿＿＿＿

一早起床看完七點半幼兒頻道播映的「麵包超人」，卻還不肯關電視上學的兒子。

老爸大聲斥喝：「現在馬上立刻就給我關電視上學去！」

但兒子完美詮釋成語「充耳不聞」到極致，這時老媽拿著電視遙控器，面帶微笑地問兒子說：「是你關還是媽媽關？」

兒子聽完馬上拿了遙控器關掉電視上學去。哇勒！這是演哪一齣啊？

親子談判，誰說了算？

打開僵局‧解決問題

談判發生的三個條件：

1. 必須有一個雙方都無法容忍的僵局：

若是只有一方不能容忍，那誰不能忍誰倒楣，對方沒理出上桌談判，更不會讓步。他不願意跟我談，可能是因為不談，損失不大；談了，獲益不大！

因此，要讓對方願意跟我談判，必須增加不談判的損失，或是提高談判的獲益，才能誘使對方跟我進行談判。

2. 雙方體認，靠一己之力無法解決此一僵局：

還記得前面講到談判的定位嗎？談判是共同決策的過程，一個銅板不會響！

3. 雙方都認知到，透過談判解決問題是：

(1) 可行（辦得到）的：

2018 年 4 月 27 日，朝鮮領導人金正恩拉起南韓總統文在寅的手，兩人跨越北緯 38 度線那低矮的混凝土界石，在朝鮮領土上聊了幾句，隨後再一同走回南韓境內，展開世紀「文金會」，並在會後發表《板門店宣言》。

這一幕說明南北韓領導人面對面接觸的談判是可行的，為世界和平帶來一線曙光。

(2) 可欲（比較好）的：

　　金正恩口中的「老番顛」美國總統川普，和川普口中的「火箭人」北韓領導人金正恩，雙方不計前嫌，連續在新加坡及越南舉行「川金會」。因為北韓要的是「美國完全解除經濟制裁」，而美國要的是「北韓全面放棄核武」。縱使第二次在越南的談判破局，也不至於翻桌走人撕破臉，因為談判總比不談好，否則每天早上試射導彈，誰也受不了！

談判案例

2009 金融大海嘯：「連動債千萬理賠的客訴談判」

　　2009 年金融海嘯，在高雄做螺絲進出口業的王董，聽信銀行理專建議，買了當時讓人聞風色變的連動債(註1)，原以為保本，但結果慘賠！客戶在地方上關係良好，人脈廣、氣勢強、姿態高，一直緊咬住銀行理專「隱瞞連動債會有風險的疏失」，要求銀行一毛錢都不能少地負起全責，不肯有一絲退讓！由於客戶態度和後臺都十分強硬，而且金額鉅大，外商銀行的副總經理 David 親自南下處理本案，與區協理、分行經理一同前往客戶家中拜訪。

　　David 平日對於客訴事件處理的談判基本原則是：

1. **安情緒**：安撫客戶激動不滿的情緒，先處理心情再處理事情。
2. **說事實**：誠實告知客戶，目前本行積極處理的原則、步驟、狀況與進度。

3. **訂時間**：告知客戶何時會有較具體的答案。

4. **給答案**：誠實回覆交涉處理後的結果。

談判地點在客戶家，王董年約 60 歲，是一位做螺絲五金事業白手起家、滿手現金的大老闆。剛見面一開口便氣沖沖表明，會賠這麼慘全都是理專的錯，因為理專掛保證「一定保本」才會投資連動債，他要求銀行必須全權負責，全額退還損失上千萬元的投資本金，否則就上告金管會 _(註2) 申訴該銀行。David 沒說什麼，只是靜靜聆聽，再緩緩地確實執行客訴談判 SOP 四步驟。

「王董，您說的我都了解，您的心情我能體會，非常感謝您對我們銀行這麼多年的支持。」（**1. 安撫客戶的情緒**）

「然而，根據我們內部幾次重要的會議討論，目前仍未有一個具體的結果。坦白說，要銀行全額賠償這筆投資金額，這難度真的很大！」（**2. 有條不紊說事實**）

「這樣好了，我回去再跟我們老總做最終討論，無論如何，明天我一定會親自打電話跟您報告結果，您說好嗎？」（**3. 訂一個回覆答案的明確時間點**）

王董雖然不滿意，但畢竟見面三分情，副總親自出馬，王董不再像之前一樣忿忿不平，也只能暫時接受 David 的說法。至少今天的談判，客戶有拿到一個銀行明天會給最終答覆的「承諾」。

第二天中午，David 副總偕同原班人馬再次登門拜訪，王董原以為是電話回覆，沒想到是「現場突襲」這一招，穿著汗衫短褲在家門口泡茶聊天的他，十分訝異 David 的出現。

「王董，是這樣子的，您是我們銀行非常重要的客戶，我想想還是決定應該要親自再來拜訪您一趟，當面跟您報告我們銀行討論的最終結果，以示誠意。說實在的，這筆連動債的投資金額，根據法律、判例及目前政府的規定，我們實在沒辦法代為負責！但是為了表示誠意，我們銀行可以承諾您比現今市場多一倍的定存利率。相信在連動債事件之後，您跟我們一樣，也會認為還是穩健保守的銀行定存，才讓人晚上比較能安心睡覺，對嗎？」

「您可以拿出兩億元新臺幣放在銀行的定存帳戶裡，我們保證讓您用兩倍的利率，從這裡慢慢把損失的資金存回來。若您嫌太慢想快點回本，就算存更多金額，我們都甘願承受。這已經是我們銀行最大的誠意跟最後的底線了，您覺得如何？」（4.給答案）

最終王董接受了 David 的建議，並表示十分感謝銀行主管們的盡力協助。

心得與學習：

David 副總分享的三個談判心得：

1. **跟大老闆談判，輸人不輸陣，要的是氣勢和誠意**：翌日未依原訂計畫打電話，而是親自登門拜訪，西裝對上短褲，氣勢明顯勝出，他的出發點就是「穩住陣腳，創造雙贏」。

2. **知彼知己，百戰不殆**：站在銀行長官的立場，畢竟銀行需要的是存款，只要有「現金流」進來，給大客戶加倍利率獲利，不會是太大的問題。

而王董有滿手現金，一時也不知道要放到哪，銀行此時為補償客戶損失給予雙倍定存利率，不僅讓客戶的資金有個穩定安全且加倍獲利的好去處，同時也讓客戶感受到銀行的誠意，在心裡上有更多的安慰踏實感，這是一種差異化的 VIP 尊榮，於是王董便欣然接受 David 所提出的補償方案。

3. **談判常常是「價值不對等的交換」**：這樣的談判結果，不僅客戶得到另類的補償（具差異化，獨特性的雙倍定存利率），從銀行的角度來看，不但不用賠償客戶投資損失的錢，又可獲得一大筆定存資金，而且還維繫了跟大客戶王董的關係，雙贏談判，何樂而不為？

（**註 1**）連動式債券（簡稱：連動債 SN，英文：Structured Note），是一種結構型金融商品，由固定收益債券和約定的投機標兩部分組成，結合固定收益商品與衍生性金融商品後，利用投資報酬率的觀念去創造出高保本及高收益的報酬型態。連動債的總收益為債券的固定收益，再加上投機操作的額外收益。不僅如此，連動式債券還能享本金高的保障，隨著連結標的增長，更具備保本的特色，讓客戶在購買連動式債券商品時能夠有較高的保障。

發行商多半會鼓吹連動債具有「保本高息」的特點，以吸引投資者。有時會誤導客戶以為只賺不賠，因而客戶若於債券到期前賣出，可能會產生本金的損失。所以在購買連動式債券前必須先要考慮清楚產品的特性及風險，選擇適當地時機進場，這樣較為保險。與普通債券相比，連動債收益相對較高，風險也相對更大，但在發行商與銷售商聯手炒作下，於 21 世紀初成為金融市場的熱門商品種。不過自從 2008 年世界級大型發行商雷曼兄弟驟然倒閉，導致廣大投資人一夕之間損失慘重，並釀成世界性的金融危機後，連動債變成毒蛇猛獸，讓許多人認清其金錢遊戲的本質，避之唯恐不及。（摘錄自維基百科）

（註2）金管會（金融監督管理委員會）推動「金融業公平待客原則評比」，預計
2019 下半年將公布「首評」結果，對於表現佳的銀行、保險及證券公司將給予獎勵，
但若表現不佳，如不積極處理客訴、常被懲處的金融機構，將加強金檢。其中客訴案
不好好處理、不在 30 天內給答案，將被嚴重扣分；另外被金管會懲處者也會被扣分，
只要有客訴瑕疵及被懲處，該項目就可能不及格。金管會也要求從上而下落實公平待
客原則，金管會表示，目前正由各局與金融業者溝通評分方式，受評的有銀行、保險
公司、證券商、期貨商。（摘自工商時報 2018.10.10）

 利益交換‧各取所需

談判案例

電影《無間道》：「黑白兩道臥底的生存談判」

2002 年上映的香港電影《無間道》，由影帝劉德華（飾演黑
道臥底的劉建明）和梁朝偉（飾演警方臥底的陳永仁），分別詮
釋黑道及警方的臥底。這部電影最精彩的一段情節是：當一心想
要恢復警察身分的陳永仁，驚覺原來劉建明就是那個警局的內鬼
後，約他在天台上的生死談判。

劉：「你們這些臥底真有意思，老喜歡約在天台見面。」（放
低姿態，建立親和的談判態度）

陳：「我不像你，我見得了光。」（姿態強硬，不友善的談判
態度加上一把頂住對方背後的槍）

陳：「我要的東西呢？」（他臥底警察身分證明的檔案，談判

最重要目的）

劉：「我要的東西，你也未必有帶來。」（他與黑社會頭子韓琛的錄音對話）

陳：「什麼意思，你是上來曬太陽的嗎？」（捺不住性子，隨時準備引爆衝突）

劉：「給我個機會。」（軟出牌，身段放更低，渴望能談判成功，創造雙贏）

陳：「怎麼給你機會？」（提問，以了解對方的想法）

劉：「我以前沒得選擇，現在我想做一個好人。」（希望對方高抬貴手，放他一馬）

陳：「好！去跟法官說，看他給不給你做好人？」（沒什麼好談的，你死定了，態度強硬且堅定）

劉：「那就是要我死喔？」（再次提問，確認對方的想法，給彼此最後的談判機會）

陳：「對不起，我是警察！」（自古正邪不兩立，你少再跟我廢話了，去死吧！）

劉：「誰知道？」（展開正面反擊。搞清楚，擁有證明你警察身分機密檔案談判籌碼的人，是我）

雙方一時陷入僵局，可惜陳永仁最後被另一名黑道臥底的警察開槍打死在電梯中，這輩子再也不能談判，直到死後才恢復身分，證明清白。親愛的讀者，換成你是陳永仁，一定要這樣「黑白分明，立場堅定」嗎？

談判前，最好先反覆問自己兩個問題：

1. 我要什麼？（透過談判要達成的「最重要目標」為何？）

2. 我憑什麼？（我能掌握的資源、資訊，或手上的籌碼為何？）

在這場無間道的天台談判中：

1. 劉建明要的是：黑道臥底身分不要被揭穿，**繼續當警察，永遠做好人**；而陳永仁要的是：警察臥底身分被公開，恢復當警察，重新做好人。

2. 劉建明手上的籌碼是：「陳永仁臥底警察身分證明的檔案」；陳永仁掌握的籌碼是：「劉建明與黑社會頭子韓琛勾結的對話錄音檔」。

黑道臥底的劉建明顯然很清楚他要什麼？憑什麼？而白道臥底的陳永仁一開始不只一次表明：「恢復我身分就行了，我只想做一個普通人！」或「我想恢復身分！」但到最後卻又堅持警察的立場，要將對方繩之以法……

談判不替對方留退路，忘記自己最想要的是什麼，最終的結局常讓人感到遺憾。**得饒人處且饒人，有時你真正放過的，其實是你自己。**

談判要好好想清楚，你到底想要什麼？（What do you want?）但人們常忘記自己最初到底想要什麼，而成為「歧路亡羊」，談判到最後，失去最重要的目標或方向。

綜觀《無間道》兩位黑白臥底的主角，在天台上的 4 個談判技巧：

1. **談判前問自己**：我和談判對手這次要什麼？憑什麼？（黑道臥底劉德華──隱藏身分，警察臥底梁朝偉──恢復身分）知道彼此要什麼非常重要，談判切記：**莫忘初衷！**

2. **幫自己的「想要」排個優先順序**：「鏟奸除惡」或「恢復身分」？梁朝偉最後成了看不清局勢、更忘記初衷的歧路亡羊！

3. **談判的出牌**：硬出牌或軟出牌？劉德華軟出牌：「給我個機會，我以前沒得選，現在想做好人。」梁朝偉硬出牌：「我不像你，我見得光！」、「好啊！去跟法官說呀！看他給不給你機會？」、「對不起，我是警察！」而劉德華用「誰知道」三個字反擊，談判破局。

4. **談判要看清局勢**：後來趕到天台的劉德華部屬（林家棟飾演），原來也是黑道臥底的。站得高卻看不清，最後梁朝偉之死，只能說遺憾。

談判，真的很重要！

知彼知己，將心比心！談判未必「不是你死，就是我亡」，也許我們可以有更好的選擇，您說是嗎？

💬💬 創造價值‧尋求雙贏

談判案例

Epson 投影機：「舊機價格的新機殺價談判」

　　一位管顧名師曾在課堂上分享他之前購買最新型 Epson 投影機的談判經驗。老師有一次到竹科某企業講課，發現當天教室使用的投影機流明度非常清晰好用，看了機上的標籤，老師直接打去 Epson 公司詢問機型。

　　業務經理 Alan 在電話中解釋的非常清楚，並大力推薦該機型的進階二代機，老師聽完產品說明後，便說：「我要一臺二代機，但你得給我一代機的價格喔！」

　　Alan 連忙解釋兩者性能和價格的差異甚大，二代機增加的多功能性，以及較第一代縮小近 1/3 的體積，更流線時尚的外觀，比老師今天在教室看到的機型「性價比」更高，絕對物超所值，是目前最受消費者歡迎的機型！

　　聽完了 Epson 業務經理的一番解釋，老師緩緩的回應：「Alan，你說得很好，但我還是認為你應該用舊機型的價錢，賣給我新的產品。」

　　接著老師提了五點理由：

　　第一，我是自己看標籤打電話進來的，你根本不用花時間和精力對我銷售。

第二，我是專業講師，帶著投影機到處跑就是個活廣告，所以廣告費要折給我！（可在投影機貼上 Epson 業務聯絡方式的標籤，我自己就是看這個打電話來買的）我是會到各大企業做教育內訓的老師，如果我帶著你的投影機到處講課，就能為貴公司做免費的宣傳，若有人詢問這臺投影機，我就請他跟你聯絡，這樣我也算是你的 agent，對吧？

第三，我可買可不買！你知道，大部分老師不會自己隨身帶投影機，主要是因為我對上課投影的品質比較要求。（講師自己帶投影機，有點像那卡西）

第四，年底快到了，你應該需要業績吧？我可以不用刷卡，直接付現。（用現金價值交換產品價格）

第五，如果你 OK，我明天早上九點在金融研訓院上課，你可以八點半來教室找我！（談判給期限）

第二天早上，老師如願用舊機價格買到了一臺新款的投影機，Epson 的業務經理 Alan 用一通不到 10 分鐘的電話，就賣出一臺新機。

這筆佣金「也許」少賺了些（只有業務員自己最清楚），但確定的是，Alan 賣了機器，賺了佣金，還多了一個為自己產品宣傳轉介紹的機會；而老師以一通電話，用舊機價格買到理想實用的新機，看來絕對是雙贏局面無誤。

談判，無所不在！

策略布局，衝突管理

談判是一種策略布局，包括如何出牌、攻防推擋、堅持或讓步、成局或破局⋯⋯，甚至談判是一種聲東擊西的障眼法，只為了拖延時間，讓對手鬆懈以達成我方目標。談判也是一種衝突管理，可依縱坐標及橫坐標各三個，共六個指標，導出「面對衝突的五種態度模式圖」。

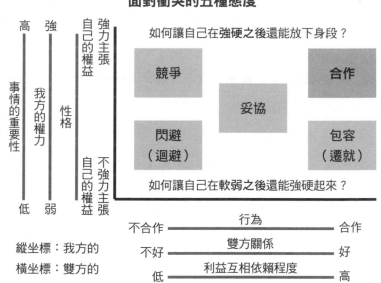

面對衝突的五種態度

縱坐標的三個指標是我方的：

1. 這件事情對我方的重要性是高或低？

2. 我方在這件事的權力（Power）是強還是弱？

3. 我的性格是強力主張維護自己的權益？還是將心比心，以
   和為貴，重視溝通與妥協？

橫坐標的三個指標是雙方的：

1. 雙方是否有較多的合作行為？還是各走各的，互不往來？

2. 雙方關係好不好？是友善還是敵對？

3. 雙方利益互相依賴的程度高或低？誰的退路多？選擇多？
   還是非對方不可？

依照縱橫六指標，引導出我們面對衝突的五種態度，包括：

競爭、閃避（迴避）、妥協、合作、包容（遷就）。

問自己兩個問題：

1. 如何讓自己在強硬之後還能放下身段？

2. 如何讓自己在柔軟之後還能強硬起來？

談判中常講到「黑白臉」的策略，軟硬兼施，恩威並濟。

談判案例

台化彰化廠許可撤銷事件：「民不跟官鬥的黑白臉談判」

2017 年 3 月 11 日報導指出，台灣化學纖維股份有限公司（以
下簡稱台化）彰化廠許可證遭彰化縣政府撤銷，行政訴願成功，

環保署訴願審議委員會決議，撤銷彰化縣政府的行政處分，並另為適法之處分。台化副董洪福源表示，對這樣的訴願結果可謂遲來的正義，將找公正單位精算，申請國賠，這個數字肯定是天文數字。

而環保署官員回應直言：「請台化先把訴願決定書看清楚，他們也有違失的地方。」更痛批，「動不動就要用鉅額國賠恫嚇，是典型財大氣粗。」

隔天新聞報導，台塑企業總裁王文淵發表聲明釋出善意，對申請國賠緩頰，指出「現在談不適合」；未來將進一步和官方理性溝通，一切依法辦理，盼望台化彰化廠爭議能和平落幕，希望創造中央、彰化縣政府及台化三贏局面。（摘自工商時報）

標準的談判黑白臉策略，通常下黑上白，副董（部屬）扮黑臉放風向球，發現政府官員極力反擊，總裁（老闆）隔天馬上出來扮白臉，緩頰打圓場。這是標準的黑白臉談判策略，一搭一唱，宛如演雙簧，您學會了嗎？

內部談判（跨部門談判）非常重要，有時甚至比外部談判更加困難，因為雙方在同一家公司、同一個陣營、同一艘船上（有沒有同心同德就不好說了），談判最好要留餘地，絕招不盡出，狠話要收斂，來日好相見！

談判案例

陸劇《精忠岳飛》：「金國滅宋的內部談判」

金國皇帝金太祖召集兒子們討論滅宋大計。老大建議趁大金國南北大軍會合，直接殺進北宋汴京（主戰的鷹派）；老二則拿出北宋大奸臣秦檜的乞和信，說明可培養其為大金國在宋朝的內應，不願繼續爭戰殺戮，主張見好就收，拿了宋人乞和的金銀珠寶就走人（主和的鴿派）；老四金兀朮則認為，秦檜的乞和信說明北宋已是驚弓之鳥，圍城必闕，打還是要打，和議也要談，至於談成或談不成，就要看狀況，大金國說了算。

金太祖最後採用了老四金兀朮的建議，兩手策略，雙管其下，談判只是一種障眼法，用來拖延時間，或是安撫敵人。看似解決戰爭的衝突，實際仍以滅宋為主要目標，讓北宋君臣分裂為兩派，一派主張全力抗金，另一派則主張割地賠款，確保和平，北宋終究亡於金人手中。

從這段金國攻宋的內部談判，我們學到的是：

1. 談判的議題有時未必是對手真正的目標，而是聲東擊西的一種手段，不可不察。

2. 「拋磚」不一定「引玉」，「委屈」未必能「求全」，談判要看清對手，認清你是誰。

3. 內部談判很重要，老闆要盡量讓大家暢所欲言，最後自己

做出決定，負成敗之責。

4. 城池易攻，人心難測。學會談判，首先要了解人性與人心。

5. 《孫子兵法》提到「圍城必闕」，談判時要切記，幫對手找一條回家的路，也要為自己留條退路。

6. 談判是個 Power game，不是 Legal game，看誰有 Power，而不是看誰合不合法？所以被侵略者必須跟侵略者談判，因為情勢比人強。

下一個案例就是著名的英國首相邱吉爾在二次大戰英國被德軍侵略時的內部談判。

談判案例

電影《最黑暗的時刻》：
邱吉爾與內閣「大戰或談判」的內部談判

英國下議院 2019 年 1 月 15 日，以 432 票對 202 票否決了首相梅伊的脫歐協議，慘輸了 230 票，執政的保守黨下議院議員 315 人，有 118 人跑票否決協議，這是英國政府近一世紀以來遭遇的最嚴重挫敗。

在野的工黨隨即提出不信任投票，梅伊勉強過關保住首相位子。然而協議卡關，倒閣也不成，府會既無共識，也拿不出可行的方法，英國脫歐之路進退兩難。梅伊的處境不只難堪，更是艱難。誠心建議她看電影《最黑暗的時刻》，看看 1940 年的英國

首相邱吉爾如何面對國家生死存亡的困境與內部談判，也許會寬慰許多。沒有最黑暗，只有更黑暗！

當時的談判情境是：德軍將 60 萬英法大軍困在敦克爾克（Dunkirk），英國孤立無援，只剩下不足抗拒德軍登陸侵略的海空軍。剛上任的英國首相邱吉爾面臨著兩難的抉擇，與納粹德國的希特勒求和，或是率領英國力抗德國，奮戰到底。

情勢十分險峻，前首相張伯倫、外交大臣伍德所帶領的全體內閣閣員，幾乎一面倒的嚴厲要求邱吉爾，接受由義大利主動提出當調停人，與德國的和平協議談判。外交大臣甚至不惜以「立即辭職」當做談判籌碼，要求邱吉爾馬上進行外交談判，以確保英軍不會全軍覆沒，英國本土不會被德軍入侵甚至於占領。

邱吉爾在孤立無援的情況下，幽幽地說：「這樣看來，我們除了考慮和談之外，沒有別的選擇了，如果希特勒的和談條件是完全統治中歐，歸還某些原屬於德國的殖民地，而且同意英國保持獨立的話，只要能讓我們走出目前的困境，我將感恩不盡。但是這樣的條件，他絕對不可能同意！」

當外交大臣準備解釋時，邱吉爾又接著說：「不過，要是（If）能知道德國人會提什麼條件的話，那我會準備考慮一下他們的條件！」首相的立場鬆動，言詞軟化，讓主和的外交大臣表示感謝，並馬上準備起草和平停戰協議的備忘錄。

結束了力抗全體內閣倒戈的難堪內部談判，等在前面的，是更嚴峻的英德停戰談判。邱吉爾以內部談判的讓步，接受和談，安

撫內閣，暫緩敵軍的炮火。

　　事實上，如同前面大金國侵宋的案例，談判只是障眼法的緩兵之計，邱吉爾急令徵調國內所有大小船隻，準備進行日後歷史上有名的「敦克爾克大撤退」。

二、何時「需要」談判？（When）

自己的權利自己爭，自己的荷包自己省！

何時需要談判？簡單來說，當談判雙方之間出現無法單憑自己能力就可以打開的僵局，為了爭取利益、化解衝突、解決問題或維繫關係時，就需要坐下來好好談談。

何時談判呢？談判的時間點，最好在自己狀態良好、戰力充足之時，對手身心疲憊、坐困愁城、主動求和之際，並在我方握有一定談判籌碼時去談，勝算較大。

談判案例

外商公司併購下的「薪資談判」

某外商公司被併購，員工進行留任薪資談判，總經理 Amy 為了替同仁爭取較優的條件，她跟 Joe 說：「據我所知，你是新公司最想要的人才，為了併購的最大利益，他們一定會全力留你。為了你自身權益，我建議你在談薪資條件時，可以大膽地提出你心中最理想的 package（談判開高），並要多一些堅持和篤定（硬出牌），他們必然會慎重考慮，做出最有利於你的決定。我真心希望你能得到你想要的，在新公司有更好的未來與發展！」

Amy 一直是非常親民、照顧下屬的好長官，Joe 欣然接受她的忠告，並表達感謝與不捨，最後果然如 Amy 所說，Joe 拿到了一個非常好的留任條件。

Amy 沒有跟 Joe 明說的是，她希望藉由 Joe 提出較優條件並堅持立場，可以同時提高其他同仁的留任條件。最終，她幫助了大家，在併購後的新公司得到更好的薪資待遇。

從談判的角度來看，Amy 掌握了重要的談判資訊（Joe 是新公司最想要的人才），並且創造了較高的談判標準（建議 Joe 可以把條件拉高些，並多些堅持），最終創造了談判的雙贏，不僅新公司留住既有的優秀人才，持續穩定發展，更幫助長期以來一直支持她的夥伴們，以較優的條件在新公司繼續打拚奮鬥下去。

三、在哪個「場地」或「情境」下談判？（Where）

海峽兩岸最高領導人馬英九與習近平於 2015 年 11 月 7 日在新加坡會面，俗稱「馬習會」。這是海峽兩岸自 1949 年政治分立以來，雙方最高領導人的首次會晤，象徵兩岸史上最大突破。無論如何，對峙對立的兩造，能有機會見面談，絕對是件好事，在哪談就成為重點。

川普和金正恩第一次見面的「川金會」，同樣也是選在與各國友好、立場偏中立的亞洲金融重鎮──新加坡。因為敏感的政治考量，兩岸領導人和川普與金正恩的見面，不約而同地選在雙方都認可的第三國見面，誰也不吃虧，回去都有得交代。川金二會選在越南，也是如此考量。對於第三國來說，不僅談判雙方都表達感謝與友好，更提升了國際能見度、知名度與商業價值，這不只是雙贏，更是三贏，何樂而不為？

談判案例

花蓮五星級飯店的假日住宿優惠談判──我是來講課的！

某次我受邀去花蓮第一信用合作社講週六和週日兩個整天的課，必須在花蓮連住週五和週六兩晚，主辦單位給我一個晚上的

住宿費是 2500 元，兩個晚上共 5000 元的住宿預算，並建議我可以住在跟公司簽約的花蓮藍天麗池酒店，這裡我之前曾住過，是一家性價比還滿高的飯店。

正要打去訂房時，忽然想起朋友曾推薦花蓮某家五星級飯店的住宿及早餐值得一試，不過預算肯定不夠，多出的部分必須自付。但我想，不試試怎麼知道會不會有奇蹟或好運發生呢？於是我直接打去該五星級飯店詢問。

「您好，這裡是花蓮 X 品酒店，很高興為您服務。」

「妳好，我是一位專業講師，我姓鄭。我想預訂 9 月 30 日和 10 月 1 日兩個晚上的單人房，請問還有房間嗎？房價是多少？」

「鄭先生您好，幫您查了我們那兩天還有房間，單人房每晚訂價 9,000 元，優惠價 6,200 元。」

「妳好，我是一位專業講師，我這兩天應邀來幫花蓮第一信用合作社的全體同仁上兩天課。貴飯店在花蓮是有名的五星級飯店，我花蓮的朋友一直推薦我一定要來住這裡，但是課程主辦單位給我的預算上限是每晚 2,500 元，不知道有沒有機會可以住進來呢？」

「鄭先生不好意思，我們是五星級飯店，6,200 元已經非常優惠了，何況您住的這兩天都算假日，房價比平日還要高些喔！」

親愛的讀者，換成是你，會接受 6,200 元一晚的優惠價住進去？還是改撥主辦單位特約飯店的訂房電話？或是再談談看呢？

「哈！我知道這兩天是假日，而花一信同仁們也只有假日才能

全員到齊上課。因為我實在很想聽我朋友的推薦，住到貴飯店，而超出預算的話，我也不太可能為了住五星級飯店而加價自費。這樣子好了，如果您可以幫我爭取的話，我跟您保證，這兩天上課，我一定會跟所有花一信的夥伴們說，我這兩天住的是非常讚的X品酒店！您看這樣好嗎？（我的談判籌碼：提高談判的效益）不過如果真不行的話也不勉強，我就去住主辦單位簽約的藍天麗池酒店了，其實上次住過感覺也還滿好的啦！」（暗示對方：我有退路，而且是滿好的退路！）

「鄭先生，如果是這樣的話，那請您給我一些時間，我要跟主管報告，晚點再跟您聯絡喔！」

大約 30 分鐘後，我得到了一份以「員工認養價」為計算標準的訂房確認書，兩晚的雅緻雙人房，第一晚房價 2,100 元，第二晚房價 2,900 元，兩晚共 5,000 元，剛好是我的住房預算上限。

當下內心的想法是：「早知道就報價再低一些，這就是得寸進尺的人性，哈哈！」經由 10 分鐘的短暫談判，我終於住進了期待中的五星級飯店。

在這兩天的課程裡，我自然得履行承諾，跟花一信兩班上課的夥伴們分享我的住房心得。從談判的角度來看，我得到我想要的五星級飯店兩晚享受，同時也實現了承諾；對飯店而言，獲得了一次對一百多位準客戶的免費宣傳，這是一個雙贏談判的結果。

　　善意提醒：如果您不是真要來講課的話，建議最好別用這一招去談判喔！這個談判案例跟前面提到的 Epson 投影機的殺價談判，是不是有異曲同工之妙呢？

　　然而講師這一招並不是每次都有效的。在第三篇談判五大元素的「議題」部分，就會跟您分享我在礁溪五星級飯店殺價踢到鐵板的案例。

四、誰要「來」談判？（Who）

談判案例

保險公司團險理賠：「糖醋排骨的斷齒拒賠談判」

幾年前我在用餐時不慎咬裂一顆牙齒，申請保險理賠，S 保險公司經過「再三考證，審慎評估」，三個月後寄給我一張「理賠審核通知書」，上面的回覆是：

「臺端申請理賠給付，業經本公司受理審核，茲因下列原因，本次理賠申請歉難給付：

本事故非條款約定之意外傷害事故，歉難給付。

承蒙臺端投保本公司保險，謹致謝忱。

臺端申請理賠給付，業經本公司受理審核如下：

本次申請，意外傷害實支實付檢附牙科 X 光片，依條款約定意外為非由疾病引起之外來突發事故，牙齒本身疾病造成咀嚼斷裂，非為外來突發事故造成，故歉難給付！」

說了那麼多，結論是：保險公司一毛都不打算理賠給我！

而我的解讀是：「鄭先生，其實牙齒不好就別逞強，沒事別吃糖醋排骨這類食物，吃粥不就沒事嗎？咬斷牙齒是您個人咎由自取，怨不得別人，更別怪我們不理賠，畢竟這完全是你本身牙齒

先天不良的問題，怎能算是意外傷害呢？想要保險公司理賠，歉難給付。（門兒都沒有！）」

擁有「人身保險經紀人」國家考試證照的我，非常瞭解意外保險的「三大理賠要素」是：

1. 外來的；

2. 突發的；

3. 非因疾病造成的。

雖然我的牙齒不像電視上賣牙膏廣告的明星那麼潔白整齊又健康，但我應該有吃糖醋排骨的權利吧！「歉難給付」這四個大字，狠狠地踩到我的底線。

是可忍，孰不可忍，身為金融保險業的專業講師，在過去這十幾年，我賣過保險，當過保險業務主管，訓練過上萬人次的保險公司、保經保代業務員、銀行理財專員及銀行保險電話行銷人員，教授保險專業知識及談判、溝通、服務、銷售等課程。撇開我是一位「吃飯時不慎咬斷牙齒，忍受著身體上的疼痛殘缺，來請求保險公司理賠以補償身心受傷的被保險人」不說，保險公司一塊錢都不理賠的消息要是傳出去，今後我要如何在「江湖」上立足呢？有所爭，有所不爭！於是撥了通「還我公道」的電話給保險公司理賠部的承辦人員。

運氣真好，承辦人今天休假，她主管接的電話。以下是我們的理賠談判對話：

「陳科長您好，我在金融保險業服務十幾年了，幫客戶處理過

很多的理賠案件。我自己銷售保險，在國泰人壽當過業務主管，目前是某大金控的訓練講師，專門教導保險公司的業務員和銀行理專如何賣保險，並做好保戶服務，同時也是國家考試及格的人身保險經紀人。其實我非常了解你們理賠人員的工作繁重，壓力很大，真是辛苦您了！」

電話的另一端沉默了 5 秒鐘，「鄭先生，非常謝謝您的諒解，我們只是希望能提供保戶最好的理賠服務。」

「科長能有這樣的理念，實在是客戶的福氣。在這想跟您請教我之前牙齒斷裂的理賠申請件，貴單位理賠人員發給我的理賠審核通知書中明確指出：『意外』為非由疾病引起之外來突發事故，這部分我很清楚，但她認為我是因為牙齒本身疾病才造成咀嚼斷裂，並非為外來突發事故造成，故歉難給付，這一點我真的很難接受！我承認我的牙齒沒那麼健康，但都有認真看牙醫做治療。今天因為吃東西不慎咬斷牙齒，向貴公司申請『實支實付的意外門診保險金』，得到的卻是『歉難給付』四個大字！科長，如果換做是您的牙齒不小心咬斷，而保險公司一塊錢都不願意理賠，表示『歉難給付』，並直接退回您的申請書，請問您能接受嗎？」

科長沉默不語。

「何況我想保單條款上應該沒註明牙齒不好的保戶，禁止食用糖醋排骨吧？其實我今天打這通電話，並不是要為難你們的理賠人員，只是想努力爭取自己應有的保險權利，希望您能理解。」

我的心情很激動，但語氣卻非常平和友善，保持對理賠人員的

基本尊重。

電話的另一端這次沉默更久，大約過了 8 秒鐘，陳科長也很客氣地說：「鄭先生，我會再跟承辦同仁討論，盡快回覆您的問題，謝謝您的來電。」十分鐘的電話，很快地在一片祥和中結束了！

坦白說，在打這通電話之前，我的想法是，要讓保險公司將治療斷裂牙齒的 10,000 元醫療費用全部買單理賠，恐怕有困難；但是一毛都不賠，絕對無法接受。我想，至少要理賠醫藥費的一半 5,000 元吧！最起碼 3,000 元是勉強能接受的底線。

任何談判前，都要先想清楚自己究竟要什麼？為何而戰？在這個牙齒斷裂的理賠案件中，對我而言，保險專業講師的尊嚴最重要，3,000 元或 5,000 元則只是衡量尊嚴的價值罷了。

約莫兩個月之後，我又收到了一份保險公司寄來的「理賠審核通知書」，上面寫道：

「貴保戶申請之保險金，已由本公司依約核付如下，意外門診保險金一萬元整，敬請查收。謹祝，健康平安。」

10,000 元的牙齒斷裂醫療金，獲得保險公司的全額理賠，有點出乎意料。這「十分鐘賠一萬」的理賠談判案例，帶給我的啟示如下：

1. **站在對方立場思考**：很多人爭取理賠金額時，都會帶著滿腔怒火，以為比大聲就可以讓保險公司就範，殊不知理賠人員面對這樣的態度早就見怪不怪了。我在電話中不但語

氣平靜和緩，且非常能理解對方的辛苦和難處，並表示慰問，建立了與眾不同的親和感，讓我們的溝通談判有了好的開始。

2. **展現自己的誠意與專業**：開宗明義地在電話裡表明我的保險專業背景與能力，不僅擁有國家級專業證照，從事保險業務出身，目前更是專門訓練保險銷售人員的專業講師。更重要的是，我並不是要以專業能力來跟對方較量抗衡，我只是用實力來證明自己的要求絕非無的放矢找麻煩，希望彼此多些理解與尊重，知彼知己，以退為進。

3. **準備替代方案**：我告訴自己，理賠 5,000 元不為過，3,000 元則是底線，不求全賠，但得更多。換個角度想，如果我從頭到尾都堅持保險公司必須全額理賠的話，其實未必能得到最好的結果。

4. **堅持底線**：我心中的底線是，意外門診保險金至少要理賠 3,000 元，這讓我在談判時能義正辭嚴，有目標的談判，會帶來更多的信心。雖然最後是全額理賠，不用為底線再多做努力，但堅持底線的信念和態度，絕對是談判時需要確實遵守的基本原則。

5. **直接與 keyman 談判**：由於承辦人員剛好休假，反而讓我有機會能直接跟有決定權的理賠主管談判，更省時且更有影響力，談判最好找到 Keyman，有時候也需要一點「小幸運」。

談判案例

物理治療所≠醫院或診所，孕婦扭傷的中醫治療理賠事件

客戶是一位 30 歲左右的新手媽媽張小姐，因生產過程導致下背部韌帶扭傷，疼痛難忍，進而尋求某中醫「物理治療所」的復健治療。

她全家三代不僅都是某大保險公司的忠實客戶，而且是大戶，全家人年繳保費合計數百萬元。但當她拿著 11,500 元的醫療費收據來申請意外險醫療理賠時，保險公司的回覆卻是：因保戶所附醫療單據為「物理治療所」，而非保單條款上約定的「醫院」或「診所」，因此無法核賠！

被保險人不能接受多年來所繳的高額保費，竟然在生產意外受傷的事件中，得不到保險公司一絲的金錢理賠。經過多方搜集相關資料，請教查證，提出三個強而有力的談判柱子，支撐其要求理賠的論點：

1. 《消費者保護法》第十一條第二項明文規定：「定型化契約條款如有疑義時，應為有利於消費者之解釋。」有鑑於定型化契約條款係由企業經營者所預先擬定，因此該等條款常有偏重企業經營者的利益，或因條款文字艱深、內容曖昧不明，導致消費者有與企業經營者不同預期的情形發生。明訂消保法內容以保障在磋商上居於劣勢，而常不能就定型化契約條款為充分思慮的消費者利益。

2. 張小姐拿出兩份地方法院的判決書，其判決內容均認定，在其「物理治療所」進行治療的費用，保險公司應予給付。

3. 根據《保險法》第五十四條第二項規定：「保險契約之解釋，應探求契約當事人之真意，不得拘泥於所用之文字；如有疑義時，以作有利於被保險人之解釋為原則。」本理賠件中，保險公司所持「物理治療所」並非保單條款上約定的「醫院」或「診所」之理由，以致損及被保險人的保險利益，實有待商榷。

最終，保險公司理賠了 2,800 元，雖然距離保戶實際支出的 11,500 元相差了 8,700 元，但從「無法理賠」的 0 元到理賠近 3,000 元，對張小姐來說，理賠金額事小，「奇蒙子」好不好才是重點，證明了自己應該受到理賠的尊重，努力爭取的付出有了回報，便欣然接受這由無到有的理賠金，不再與保險公司爭執。

談判案例

金融消費爭議：住院保險理賠金談判案例

咪咪長了九公分的子宮肌瘤，入院接受手術摘除。準備出院當天傷口有一點化膿，醫師評估只需再多住一天觀察，但咪咪想多住幾天，以確保自己不出任何差錯，所以咪咪一直要求醫生讓她延長住院天數。

　　出院後，咪咪向保險公司申請住院理賠金，沒想到保險公司只願意理賠四天住院保險金，咪咪不能接受住院八天保險公司卻只理賠四天的狀況，多次向保險公司申訴，仍得不到滿意的答覆，所以找金融消費評議中心協助處理。

　　評議中心的醫療鑑定團隊，根據咪咪的診斷證明書、病歷和護理紀錄資料，評估她的傷病狀況、實際診療過程和復原狀況等，認為咪咪術後傷口化膿延長住院時間，並非全無住院必要性，在評議中心調處下，保險公司願就傷口化膿處理部分，多給付一天（共五天）的住院保險金，雙方達成共識和解。

　　不求全拿，但得更多。這，就是談判！

五、為何要「學」談判？（Why）

為何要談判？人家為什麼不跟我們談？因為不談沒什麼損失（成本不高），談了沒什麼好處（效益不大）！

人家為何要跟我談？《孫子兵法》說：「**合於利則動，不合於利則止！**」

1. 因為說比不說好（可欲性）。衡量推力（cost）與拉力（benefit）之後，再決定要不要談判。

2. 因為我們是談得通的（可行性）。

為何要學談判？談比不談好，會談比不會談更好。

「不求全拿，但得更多！」「雙贏談判力，越談越有利！」

我常跟來上談判課的夥伴們說：「如果你想要『一談就成，大獲全勝』，很抱歉，我恐怕沒辦法滿足你的上課需求。但如果你願意跟我一起努力學習的話，那我可以協助你『不求全拿，但得更多！』」

1. **不求全拿**：對方不是笨蛋（原則上不是），他會知道你是有誠意來談，還是來壓榨剝削占他便宜的。給彼此一條回家的路，這不只是談判，也是做人，贏一點，讓一點，來日好見面。

2. **但得更多**：透過有效溝通、同理傾聽、知彼知己，也許你會發現，原來對方最想要的，跟我最想要的，並不是同一個東西。想要的優先順序不一樣，就有套利得利的空間。

譬如說，小美和小麗要分三個橘子，不知情的公平分法，是剝開其中一個橘子，各得一個半。但如果知道小美喜歡吃橘子果肉，小麗則是想要用橘子皮做橘子蛋糕，分法是否會有所不同？最後小美得到三顆完整的橘子果肉，而小麗也得到最大量的三顆橘子皮，兩全其美，透過談判得更多。這個例子告訴我們：談判的資訊搜集非常重要，知道越多得越多。

什麼是雙贏？華人界的談判大師，東吳政治系劉必榮教授說過，談判就是「**口頭上雙贏，表面上你贏，骨子裡我贏**」。

雙贏談判：要讓對方覺得他贏，談判桌上只有一個笨蛋（那就是「我」）！

談判五大結果「贏、和、輸、破、拖」的意思是：

1. **贏**：完全照我的，大部分聽我的意思達成協議，目前具有比對手更強大的談判 Power、談判資源或談判氣勢！

2. **和**：雙方各讓一步，以期後續有合作的機會，甚至建立長期的夥伴關係。

3. **輸**：完全照對方的，大部分聽對方的意思達成協議，目前實在沒有本錢破局，只好委屈求全，忍一時氣；或是為了日後更大的利益著想，放長線釣大魚。

4. **破**：談判破局，這次不滿意，下次再談！派黑臉上場，

挫挫對方銳氣！談判沒規定不能破局，不是非一次談成不可。「破局」是一種選項，「沒有談成」也是一種訊號或警告，有時為了引對方幕後有決策權的大老闆出來，刻意破局！

5. **拖**：拖延時間，小題人作，讓律師、會計師或其他專家出來糾纏拖時間。

從另一個角度來看談判的「贏」這個字：

亡：隨時保有危機感，全力以赴地準備談判。

口：良好的溝通技巧加上言之有物，打動人心的談判說服力。

月：談判的時間壓力在誰身上？

貝：談判的資源，誰的 Power 大？誰的退路多？誰有求於誰？

凡：無論成敗輸贏，接受談判結果的平常心，日子還是要繼續過下去。

有學員問我：「到底什麼是雙贏呢？」

我的定義是：「雙方談判完簽約後，回家去，有人感到虧很大，讓太多，心情不好失眠；也有人覺得賺很多，喜出望外，輾轉難眠，這都不叫雙贏！」

「談完回去大家都睡得著覺，那就是雙贏！」

談判案例

從美國到加拿大：望子成龍的 330 堂高爾夫教練課

　　向來備受尊敬的高爾夫教練寶哥，之前遇到了一位望子成龍的父親，計畫將 14 歲的兒子送去美國讀書。在考量申請美國學校需要有特殊技能的重要性之後，想讓兒子學習在美國十分盛行的高爾夫運動，希望短時間內能將兒子打造成一位高爾夫好手，以利申請較理想的學校就讀。

　　兩人相談甚歡，勾勒出高爾夫年輕好手留學美國的藍圖，一共要上密集的 330 堂（小時）一對一教練式課程，而高爾夫教練行情通常為每小時 1,000 元至 2,000 元。

　　不經一番寒徹骨，怎得梅花撲鼻香！一旦確定了留美計畫，「Just do it.」這位父親很快地就把 330 堂課的幾十萬學費一次匯給寶哥，展現其魄力、財力與決心。然而出乎意外地，才剛上完 30 堂課，父親便喊卡！說兒子不要去美國了，要改送去加拿大。重點是，他不要再學高爾夫球了！剩下的 300 堂課已繳費用，希望寶哥能一次返還。

　　親愛的讀者，如果換成是你，身為教練，幾十萬元的預繳學費，你會無條件地全部奉還嗎？

　　大多數學員在被問到這個問題時，都說：「不可能！」換言之，這位父親的要求，大多數人是不能接受的，甚至大聲回擊：

「是你自己放棄上課的權利，有什麼理由要教練退錢呢？」

也有人覺得退錢可以，但絕不會是全退，那麼要退多少才合理呢？退一半、退 1/3、退 1/4 都有人提議，我想問的是，聽來都有道理，但是憑什麼？

寶哥最後提出了幾個彈性的折衷辦法：

1. 300 堂高爾夫教練課可以為客戶的兒子保留，以後想學能學再來學。（時間彈性）

2. 客戶可以將 300 堂課轉賣或轉贈其他人來學。（學員彈性）

3. 退還 1/2 的學費。

一人一半看似公平，但如同我前面所問：「憑什麼？」有法律、命令、前例或判例規定嗎？有找過教練學打高爾夫球的人，絕大多數是口頭承諾，沒簽什麼學習契約，頂多有留下如 LINE、微信或臉書等通訊軟體的文字對話。

然而《民法》上的契約以「雙方意思表示一致」即可成立，《民法》以「不要式契約」為原則，簡單來說，不需書面，只需口頭達成協議，買賣契約即成立，因此寶哥和該學員的學習契約是成立生效的。重點是：若學員才學 30 堂課就要解約退費，有沒有什麼法律規定可參考呢？這點我們跟律師的想法不謀而合，那就是《補習班法》。我請教過知名律師事務所合夥人的看法：「這個案例就算到了法官那裡，還是會參考《補習班法》及其相關規定。」

以《臺北市短期補習班管理規則》第 33 條規定，補習班學

生繳納費用後離班者，補習班應依下列規定辦理退費：學生於實際開課日期起第二日（或次）上課後且未逾全期（或總課程時數）三分之一期間內提出退費申請，補習班應退還約定繳納費用百分之五十。

　　縱使如此說明，表明善意，但這位望子成龍的爸爸還是不買單，寶哥的三個建議一概不接受，只堅持剩下 300 堂課的費用要全額退還，若是不依，揚言調解委員會見。

　　寶哥問我的想法，我說：「不如請對方直接提出告訴，我們法院見！」

　　調解前一天，寶哥打電話邀我隔天下午一起去新店調解委員會，可惜我有課要上，無法陪同。我只問寶哥一個關鍵問題：「你到底想要什麼？」

　　他回答我：「我認為一人一半最公平！」

　　我說：「好！那就朝這個方向努力。」

　　我們在電話中沙盤推演了約一個半小時，從最硬的立場「堅持不退一毛錢」、「課程可以轉移給他人」、「300 堂課可保留，不限時間」，到最後「已繳學費退還一半的堅守底線」。

談判，要盡全力準備，否則就是對不起自己！

　　第二天晚上，寶哥跟我說：「今天一到調解委員會現場，對方在律師陪同下的第一句話就是：『好吧！教練，你退我一半金

額，再加七千元就好！」寶哥欣然允諾，調解迅速完成。」

　　怎麼會這樣呢？這客戶是來亂的喔？那我們昨天的談判沙盤推演算什麼呢？哈！就當作是一次談判演練吧！在談判中，有時對方一次讓到位，可能是一種善意、一種覺悟，也可能一種談判策略！

　　舉例來說，1954 年適逢韓戰，中共和美國為了釋俘問題，雙方在日內瓦舉行大使級談判。中共總理周恩來以退為進，主動宣布釋放 11 名美國間諜，以要求美方能做出同等的讓步與妥協。這種一步讓到位的談判策略，不僅先發制人，創造良好的談判氣氛，更要命的是，此舉讓美國談判代表一時不知如何應對，在國內進行的所有談判沙盤推演，瞬間被對手推倒翻盤，一切得重新來過。

　　無論國際釋俘談判，或是日常生活中買賣解約的議價談判，都不免要沙盤推演、策略布局、讓步妥協、分析彼此利害得失，以利誘之、以害阻之，尋求雙方利益均衡，創造雙贏的契機。

　　無論如何，**談判無所不在，不求全拿，但得更多**。買賣房子正是如此，通常買賣雙方都不會太滿意最後的成交價，銷售談判的過程中，賣方總覺得「我的房子不只這個價」，而買方則認為「這間房子不值這個價」。

　　一個案子的成交，總是在雙方不盡滿意但可以接受的情況下完成，大部分的結果是：賣方拿到現金，買方完成夢想，各取所需，創造雙贏！

六、如何「學」談判？（How）

學習談判有幾種方式：

1. 上談判課程；

2. 聽談判講座；

3. 看談判書籍；

4. 做談判演練；

5. 親上談判桌。

心理學大師阿德勒（Adler）在暢銷書《被討厭的勇氣》中提到：「**人類的煩惱，全都是人際關係的煩惱。**」的確，有人的地方就有利益糾葛、意見爭執和衝突對立。通常解決衝突的三個途徑包括：

1. **力（Power）**：威嚇、暴力相向、走上街頭、示威抗爭、攻進立法院，甚至於發動戰爭。

2. **理（Right）**：申請仲裁或調解，提起訴訟上法院一決高下。

3. **利（Interest）**：雙方坐下來談判，看看有沒有協調和解的機會。

基於「人是理性」的前提，我們會優先選擇成本較小的事來做，以上三者的成本考量比較，通常是：力＞理＞利，談判的成本通常較小，所以談判比不談更好。有時先選擇前兩者，是因為

對方不跟我談，只好「以力逼談」、「以理逼談」。

在這三個途徑之外，其實還有一個字，那就是「情」這個字，但往往「情」字這條路最難走。

案例一：

2018 年 10 月看到一則震驚社會的新聞報導，一對醫生夫妻結婚一年多，互控家暴，太太要離婚，但醫生夫堅決不肯，雙方的離婚談判未能達成共識。醫師娘擔心到時法院離婚判決，法官會將小孩的監護權判給經濟狀況較好的醫生夫，因為害怕失去兒子，爭吵後竟失控潑油縱火燒夫。

結果不僅丈夫全身有 40％二度燒燙傷，連八個月大的孩子也遭受池魚之殃，手臂起水泡。最後醫師娘被依殺人未遂以及公共危險罪，移送臺北地檢署偵辦。

清官難斷家務事，可惜的是，這位超想離婚的醫生娘，既不守法律，更不懂談判，用這樣的手段，只能說遺憾。

案例二：

好萊塢巨星夫妻檔布萊德彼特（Brad Pitt）和安潔莉娜裘莉（Angelina Jolie）的離婚官司打了兩年多，在這段期間幾度勢同水火，遲遲搞不定離婚的條件。

近日法庭宣判兩人得以恢復單身身分，等於實質上已經離異後，彼此間的死結像是突然打開，早先的緊張關係暫時解除。法

官裁定，兩人在法律上已結束婚姻關係，但後續仍須對離婚細節進行談判，談判的兩大議題為經濟分配和六個子女的監護權。

目前布、裘都取回自由身，彼此的連結也就只剩下小孩了，兩人其實都是愛孩子的爸媽，所以試圖合作讓孩子們能在「不用選邊站」的氣氛中成長，近來已經很少衝突，互動越來越祥和。

結婚要「溝通」，離婚靠「談判」，「溝通」是為了勾勒未來，通知大家；「談判」則是要利益交換，各取所需。

案例三：

亞馬遜執行長貝佐斯（Bezos）與妻子麥肯琪（MacKenzie）達成離婚協議，貝佐斯將保有亞馬遜的控制權，消除亞馬遜股權結構可能改變的疑慮。麥肯琪透過推特（Twitter）表示，她將放棄 75％與貝佐斯共同持有的亞馬遜股權和所有投票權。

待兩人完成離婚手續，麥肯琪將獲得亞馬遜 4％的股權，約價值 360 億美元。麥肯琪將成為全球第 4 大富婆，而貝佐斯的亞馬遜股權將由 16.1％降至 12％，約價值 1,080 億美元，依然穩坐全球首富。也許他們的婚姻不是夫妻相處的標竿，但他們的離婚絕對是雙贏談判的典範！

在兩人各自的推特聲明中，貝佐斯不斷以「我」做開頭，而他前妻的推文，完全見不到「我」這個字。兩人的想法跟性格可能南轅北轍，但他們還是決定繼續做朋友，因為他們倆有共同的談判利益，那就是未來要共同撫養的四個孩子。就如同前面所

提好萊塢巨星夫妻檔為了六個孩子和平共處一樣。婚姻沒什麼對錯，只是一種選擇。

世界首富的前妻——大老婆的離婚談判心法：

六根清淨方為道：不管前夫和小三如何愛得火熱，都已與我無關了，阿彌陀佛！

退後原來是向前：拿到 360 億美金，重啟世界第四大富婆的新人生比較實在，何況我今年還不到 50 歲呢！

談判就是交換（trade），雙方談判後分別獲得：

前妻麥肯琪：成為全球第四大富婆＋重獲自由＋海闊天空的新人生＋保護四個孩子＋不出惡言，沒有惡鬥的好名聲。

前夫貝佐斯：追求真愛＋繼續保有亞馬遜的控制權＋依然穩坐全球首富＋保有四個孩子＋不出惡言，沒有惡鬥的最好結果。

麥肯琪在推特寫道：「她放棄亞馬遜股票的投票權以及《華郵》與『藍色起源』的股權，以支持貝佐斯繼續對這些了不起的公司和團隊做貢獻。」她也表示，「對自己的計畫感到興奮。感激過去，也期待未來。」

貝佐斯在自己的推特寫道：「感謝麥肯琪的支持和善意，非常期待兩人作為朋友和共同父母的新關係。」

離婚談判，真不簡單；人生苦短，好聚好散；各取所需，

雙**贏**談判！貝佐斯夫妻成為離婚談判的經典案例，無論金額或方式，前無古人，後恐怕也無來者。

案例四：

香港華語天后鄭秀文和他歌手丈夫許志安的「老公出軌事件」，吵得沸沸揚揚，滿城風雨。一堆所謂專家和關係人的「局外人」紛紛發言評論，皇帝不急，旁邊的太監卻拚命說話搏版面，令人噴飯！

最終鄭秀文未選擇開記者會宣布離婚（Power），或提出法律訴訟控告對方（Right），而是在自己跟自己的對話談判，或是與丈夫進行內部談判之後，選擇接受與原諒。並引用《聖經》內容表露此刻的心情與做法：「Love never gives up, never loses faith, is always hopeful, and endures through every circumstance.」（凡事包容，凡事相信，凡事盼望，凡事忍耐。）

人生和談判一樣，常常是一種選擇和決定。除了佩服以上案例當事人的大度大量外，各位讀者，若遇到以下麻豆農會行員的狀況，您還會凡事包容，凡事忍耐嗎？

| 談判案例 |

會「談」得更多：依法行政，公事公辦的洗車賠償談判

一位學員傳了一則簡訊給我：

立德老師你好，我是麻豆農會的員工，只是要跟你說聲「謝謝」。因為之前上了你的談判課，讓我知道，「談」還是對的。事情是這樣子的，我的車子停放在農會停車場內，因為道路施工鋪柏油，而柏油污黑的微細分子隨風飄揚，讓我的車子全身都沾滿了柏油。

我氣急敗壞地直接向施工人員反應這個情況，對方居然跟我說：「這是沒辦法的事，誰叫妳剛好停在那裡呢！」接著兩手一攤，要我自己處理。要是發生在以前，我應該摸摸鼻子就走人，自認倒楣。

但前天才剛上過您 3 個小時的談判技巧課程，因為您的「諄諄教誨」，讓我覺得不能這樣就算了，我應該為自己的權益做些努力，於是打了通「1999」_(註1)的電話，找到談判資源，增強談判實力（你上課說的），因此我得到了一份「洗車費」做為補償。謝謝你，這樣也代表我有認真聽你精彩有趣的談判課喔！

親愛的讀者，換成是你，遇到類似這位夥伴的狀況，你會像以前的她一樣自認倒楣算了，還是會跟她這次一樣勇敢地打電話，要求政府給個合理的交待或補償呢？每次講到這個故事，我

都要問問學員的反應和做法，答案是：「一種米養百種人」，無論認賠離開或據理力爭，其實都只是一種選擇。

說來慚愧，在這封簡訊之前，我從來不知道 1999 專線原來不只有臺北市可以使用，全臺灣大多地區都有此專線。照道理我還應該感謝這位麻豆農會的學員幫我上了一課呢！

但我想想，應該是在課堂上，我所灌輸的談判理念、分享的談判技巧，讓學員改變了原來的想法、觀念及做法，之前也許是息事寧人的性格，但既然立德老師說：「有談總比沒談好，不求全拿，但得更多！」何妨試試，頂多就拍拍屁股走人，然而試試的結果，就是獲得了免費洗車的賠償，何樂而不為？

（**註 1**）1999 專線為臺灣部分地方縣市目前廣為使用的民眾服務專線，主要功能為解決民眾對於各種政策上的疑惑，所推出的單一電話號碼撥號服務，簡化了原本使用 0800 受話方付費電話及整合各單位電話，以一支號碼方便記憶，提供民眾解決各種非緊急事務，如申訴、諮詢、查詢政府臨時動態等。（摘自維基百科）

七、談判的詩意與藝境

唐 ‧ 王之渙〈登鸛雀樓〉

欲窮千里目，更上一層樓。

若是想把遠在千里外的風景一次看個夠，那就必須登上更高層的城樓。

****

唐 ‧ 杜甫〈旅夜書懷〉

星垂平野闊，月湧大江流。

星星垂在天邊，平野顯得寬闊，這是代表見「高」；月光隨波涌動，大江滾滾東流，這是代表見「遠」。

談判要學會看高、看遠，看清局勢。

****

宋 · 蘇軾＜題西林壁＞

　　橫看成嶺側成峰，遠近高低各不同；

　　不識廬山真面目，只緣身在此山中。

　　從廬山的正面來看，是橫亙的山嶺；從它的側面看來，則是聳立的高峰。山的遠近高低，隨著所看的位置而有所不同。我看不出廬山真實的完整原貌，只因為自己是站在廬山當中。

　　蘇東坡這首詩告訴我們「二不二要」的談判藝境：

不妄自菲薄，不當局者迷；

要換位思考，要綜觀全局！

　　談判若要把整個局看得更遠更清楚，就得提升自己的高度、眼界與境界。所謂當局者迷，旁觀者清，談判時，常常只看到我依賴他的部分，而沒看到他依賴我的部分！（談判的盲點）

　　談判是一個「局」，把自己的位置拉高，讓自己看得更遠更廣，誰能看清看透這個局，誰的勝算就高一些！

　　千萬不要自以為是，認為己方實力堅強，資源豐富，而藐視輕忽談判對手，勿忘龜兔賽跑的寓言故事，最後笑著離開的，是不被看好卻步步為營的烏龜。

　　但也毋須妄自菲薄，長他人之氣，滅自己威風。只要對方願意談，就表示我一定有他想要的東西，縱使實力懸殊，只要會談

能談，掌握優勢或先機，搜集有助益的資訊，借力使力，發揮長才，則談判桌上自然有我們的一席之地！

****

唐　‧　杜甫＜夢李白＞

水深波浪闊，無使蛟龍得。

水深浪闊旅途請多加小心，不要失足落入蛟龍的嘴裡。

****

唐　‧　劉禹錫＜望洞庭＞

湖光秋月兩相和，潭面無風鏡未磨。

風靜浪息，月光和水色交融在一起，湖面就像不用磨拭的銅鏡一般，平滑光亮。

****

談判的過程，有時風平浪靜一片和氣，有時波濤洶湧，暗藏危機。就如同水能載舟亦能覆舟，如何利用談判使雙方的利益最

大化，各取所需，創造雙贏，彼此都找到一條回家的路，是所有談判代表的重要課題。

海峽兩岸的談判代表經常以詩會友，以詩做為談判表態或攻防的武器，所以若要代表政府去跟對岸談判，最好要培養一下善用唐詩宋詞的功力。

例如大陸談判代表曾舉唐朝詩人王維的「遙知兄弟登高處，遍插茱萸少一人。」來比喻中國的版圖，就差臺灣一個。不過既然是兄弟，還算是善意的說法。

我方代表則以宋朝詩人陳簡齋的「一川木葉明秋序，兩岸人家共夕陽。」回應，希望兩岸和平共處，一起享受美好的夕陽。這境界是不是又高了一個層次？

針對 2016 年小英總統剛上任時，是否接受九二共識，兩岸領導人不約而同地分別用「山」和「水」，來表達當時政治上的想法和立場。

習近平說：「基礎不牢，地動山搖！」

蔡英文則回說：「峰迴路轉，波平浪靜！」

猶如談判的攻防戰，你來我往，互不相讓！

2018 年「連習會」在北京登場，習近平調子放軟，宣稱「尊重臺灣同胞現有的社會制度和生活方式」，他還援引「不畏浮雲遮望眼，只緣身在最高層」，強調只要登高望遠，「就能看清主流、把握大勢，共同推動兩岸關係克難前行」。

　　《登飛來峰》這首詩的作者是宋朝的政治家及文學家王安石，原詩是：「飛來山上千尋塔，聞說雞鳴見日升；不畏浮雲遮望眼，只緣身在最高層。」

　　用在談判上的藝境是：

　　談判要站得高，才能看得遠、看得廣，不要被眼前的利益所矇蔽，看清這盤棋，記住你是誰！這不僅是談判智慧，更是談判的自信。

　　2018 年 12 月 19 日，臺北上海雙城論壇隔天登場，北市府於圓山大飯店舉行歡迎晚宴，臺北市長柯文哲和上海市副市長周波互相贈禮，其中上海代表的禮品是一幅宋代詩人雷庵正受《嘉泰普燈錄卷十八》中「千江有水千江月，萬里無雲萬里天」的書法字畫，是境界極高的佛家偈語。「晴空萬里，自然總是青天。」周波受訪時透露，禮品的寓意是：「只要心繫兩岸，就一定會晴空萬里。」

　　雖然海峽兩岸目前官方正式的談判協商大門是關著的，但是「萬里無雲萬里天」，總比「暴風雨前的寧靜」要好得多，不是嗎？看誰撐得久，最後終究要談判，就看兩岸領導人的仁心與智慧了。

第二篇

雙贏談判輪，你得多少分？

一、從「人生幸福輪」到「雙贏談判輪」

二、知彼知己，百戰不殆（DISCovery）

三、我教的不是「談判」，是「人性」！

四、目標設定，莫忘初衷

五、談判二心──誠心「同理」＋用心「傾聽」

六、穿透人心的「談判說服力」

七、上談判桌的「出牌與攻防」

八、下談判桌的「讓步與收尾」

一、從「人生幸福輪」到「雙贏談判輪」

 人生幸福輪

　　身為企業培訓師，無論講什麼主題，我總會在課程一開始，跟夥伴們分享「人生幸福輪」。

　　我們每天這麼辛苦認真地上班、打拚、學習，不都是為了「幸福」這兩個字嗎？拿出紙來，畫一個大圓，再用四條線均分該圓為平均大小八等分，幫自己評分。

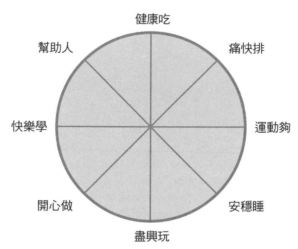

人生幸福輪

首先問自己，你有「健康吃」嗎？圓心是 0 分，圓周是 10 分。一位學員跟我說，他給自己 8 分。這很不容易，請他上臺分享時，他說目前每週只吃兩次麻辣鍋，我驚恐地請教他：「你這叫做健康吃嗎？」他說他以前天天吃麻辣鍋，吃到胃出血，現在每週只吃兩次，比以前好多了。也對，因為「人生幸福輪」是跟自己比，不是跟左鄰右舍比。切記！

接著是「痛快排」，根據我的授課經驗，銀行理專業績越好，去廁所的次數越少，因為要把握跟客戶聯繫的分分秒秒，很多 Top Sales 把賺來的錢拿去買健胃整腸的藥！痛快排，真的很重要。

「運動夠」：講師要以身作則，我戴運動手錶，設定自己每天至少要走 8,000 步。

「安穩睡」：據統計，臺灣 2,300 多萬人口中，有 600 多萬人遭遇失眠睡不好的問題，甚至有 40 多萬人睡覺到半夜，呼吸會中止。所以如果能一覺到天亮，也是一種幸福對吧？

「盡興玩」：曾有學員說，他前面四個分數都很低，但第五個分數特別高，這說明了他正在好好享受剩下不多的人生，對嗎？更慘的是，你連第五個都沒有！

「開心做」：活在當下，樂在工作。

「快樂學」：開心學習，效果加倍。

「幫助人」：助人為快樂之本。

將線上的八個點連起來，這就是你的「人生幸福輪」。如果

它又大又圓，代表你可以跑得又遠又快。

我多年來使用的經驗，發現越是有錢的學員或聽眾，對「人生幸福輪」越有興趣，寫得越起勁、越認真，我想可能是因為他們很害怕自己窮得只剩下錢。所以要看看臺上這位講師葫蘆裡賣的是什麼藥，最終「人生幸福輪」總能獲得大多人的共鳴。

幸福的元素也許有 80 個甚至更多，但我聚焦在這八個重要的元素上，簡單框架出人生幸福的模樣！

 **雙贏談判輪**

「雙贏談判輪」也是相同的概念，談判前先問問自己：

雙贏談判輪

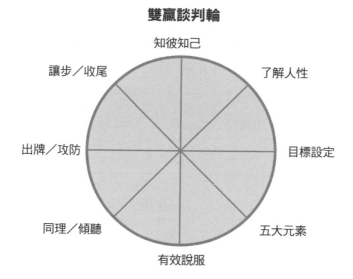

1. 你有多了解自己和對手的狀態？知彼知己，百戰不殆，至少你不會輸或慘輸。

2. 你夠了解人性嗎？人大多是理性的還是感性的？談判要先處理情緒還是先處理事情？

3. 你的談判目標是什麼？ What do you want? What do you want? What do you want? 因為很重要，所以一定要問自己三遍！

4. 談判的五大元素：從「人、事、時、地、物」延伸出來的 20 個談判重點，你清楚嗎？

5. 一定要很會說話，舌燦蓮花才叫做「談判說服力」嗎？

6. 你有同理心嗎？你願意傾聽對手的聲音嗎？是先同理再傾聽，還是先傾聽才會有同理？

7. 上桌談判如何開場？硬出牌還是軟出牌？你知道如何進行談判攻防和推擋嗎？

8. 談判是一種「妥協的藝術」，要讓步嗎？如何讓步？談判怎樣收尾好回家？

畫出你的「雙贏談判輪」，算一下各項得幾分？可以接受嗎？還是有很大的成長空間呢？

接下來，本書第二篇的重點，將為您個別舉例，做更詳細的說明，如何運用「雙贏談判輪」上桌談判得更多。而第三篇將專門分析「談判五大元素」的二十個「談判致勝關鍵點」。

二、知彼知己，百戰不殆（DISCovery）

Peace cannot be kept by force. It can only be achieved by understanding.（武力無法維持和平，只有相互理解可以。）

——愛因斯坦

《孫子兵法‧謀攻篇》：「知彼知己，百戰不殆；不知彼而知己，一勝一負；不知彼，不知己，每戰必殆。」

這裡把人分為三個層次：

1. 瞭解談判對手也瞭解自己，每次談判都不會有太大風險；

2. 不瞭解對手，但瞭解自己，談判勝負的機率各半；

3. 既不瞭解對手，又不瞭解自己，每次談判必敗（往往得不到自己想要的東西）。

瞭解自己，發現自己，是人生一輩子的重大課題。要了解一個人的性格特徵，有很多工具可參考使用，血型、星座、八字、面相甚至是掌紋。而本書推薦的，是在全球風行已久的「DISC 性格檢測分析工具」。

1920 年代，美國心理學家威廉‧莫爾頓‧馬斯頓博士（William Moulton Marston），他在 1928 年出版的著作《常人之情緒》（Emotions of Normal People）中，透過正常人在正常情況下的情緒反應研究，提出了被後人稱為「人類行為語言」的

DISC 理論。馬斯頓博士從他的研究中發現，人們對所處情境的自我察覺和情緒反應，透過四種主要行為模式表達，分別是：

1. 支配（Dominance）：老虎型人格

2. 影響（Influence）：孔雀型人格

3. 穩健（Steadiness）：無尾熊型人格

4. 服從（Compliance）：貓頭鷹型人格

DISC 性格測驗使用迄今，是國內外企業廣泛應用的一種人格測驗，用於測查、評估和幫助人們改善其行為模式、溝通能力，人際關係、工作績效、團隊合作、領導風格及談判風格……等。（參考自：維基百科及 MBA 智庫百科）

💬 DISC 小測驗與四大談判性格分析

以下提供 10 題簡單而有效的 DISC 小測驗，供您使用參考：

選出最符合你的選項，每題 2 分，10 題共 20 分。善意提醒：這不是學測，請用直覺做判斷比較準。完成後請統計 1 到 4 的選項，10 題加總後，你哪一個選項分數最高？同燈同分沒關係，分數最高的選項分別代表你的動物是：

1. 支配型的老虎（D）

2. 影響型的孔雀（I）

3. 穩定型的無尾熊（S）

4. 服從型的貓頭鷹（C）

DISC 小測驗：

一、在同事（同學）眼中您是一位？

　　1. 積極、熱情、有行動力的人。

　　2. 活潑、開朗、風趣幽默的人。

　　3. 忠誠、隨和、容易相處的人。

　　4. 謹慎、冷靜、注意細節的人

二、您喜歡看哪一類型的雜誌？

　　1. 管理、財經、趨勢類。

　　2. 旅遊、美食、時尚類。

　　3. 心靈、散文、家庭類。

　　4. 科技、專業、藝術類。

三、您做決策的方式？

　　1. 希望立即有效。

　　2. 感覺重於一切。

　　3. 有時間考慮或尋求他人意見。

　　4. 要有詳細的資料評估。

四、職務上哪種工作是我最擅長的？

　　1. 以目標為導向，有不服輸的精神。

　　2. 良好的口才，能主動與人建立友善關係。

3. 能配合團隊，扮演忠誠的擁護者。

4. 流程的掌握，注意到細節。

五、當面對壓力時，您會？

1. 用行動力去面對它，並且克服它。

2. 希望找人傾吐，獲得認同。

3. 逆來順受，盡量避免衝突。

4. 重新思考緣由，必要時做精細的解說。

六、與同事（同學）之間的相處？

1. 以公事為主，很少談到個人生活。

2. 重視氣氛，能夠帶動團隊情趣。

3. 良好的傾聽者，對人態度溫和友善。

4. 被動，不會主動與人建立關係。

七、您希望別人如何與您溝通？

1. 直接講重點，不要拐彎抹角。

2. 輕鬆，不要太嚴肅。

3. 不要一次說太多，要給予明確的支持。

4. 凡事說清楚、講明白。

八、要完成一件事情時，您最在意的部分是？

1. 效果是否有達到。

2. 過程是否快樂。

3. 前後是否有改變。

4. 流程是否正確。

九、什麼事情會讓您恐懼？

1. 呈現弱點，被人利用。

2. 失去認同，被人排擠。

3. 過度變動，讓人無所適從。

4. 制度不清，標準不一。

十、哪些是您自覺的缺點？

1. 沒有耐心。

2. 欠缺細心。

3. 沒有主見。

4. 欠缺風趣。

四大談判性格分析：

為了讓學員們更了解 DISC 的意義和內容，我常請大家在紙上畫一個十字，就形成四個象限。

左邊寫上：以事為主，目標導向，較理性；

右邊寫上：以人為主，關係導向，較感性；

上面寫上：主動，直接，外向；

下面寫上：被動，間接，內向。

第二象限是左上角，落在這裡的性格是 1 最多的人：主動又理性，代表的是，支配型的老虎（D）；

第一象限是右上角，落在這裡的性格是 2 最多的人：主動又感性，代表的是，影響型的孔雀（I）；

第四象限是右下角，落在這裡的性格是 3 最多的人：被動又感性，代表的是，穩定型的無尾熊（S）；

最後，落在左下角第三象限的性格是 4 最多的人：被動又理性，代表的動物是，服從型的貓頭鷹（C）。

以馬斯頓博士（Marston）所強調的一般正常人，在正常情況下的情緒反應來分析：

「老虎型」D的特點：

　　支配、老闆型、指揮者、發號施令者、獨立果斷、自尊心極高、創新多變、主動積極、個性急（十萬火急）、熱愛權力、有企圖心。

希望：多些改變

動力：實際成果

面對壓力時可能會：失去耐性

希望別人：回答直接、講重點、掌握狀況

害怕：被人利用、失去掌握

常見族群：老闆、主管、創業者、領袖

「孔雀型」I的特點：

　　影響、互動型、社交者、口才佳、擅交際（八卦中心或廣播電臺）、追求互動、活潑且樂觀、散發熱情與魅力。

希望：被認同，保持友好關係

動力：團隊認同

面對壓力時可能會：輕率、情緒化、失控、口出惡言

希望別人：講信用、給予聲望和尊榮

害怕：失去認同、受到排斥

常見族群：業務、講師、公關行銷、主持人

「無尾熊型」S 的特點：

　　穩健、支援型、支持者、設身處地、擅傾聽、以步驟為主，追求一致性、堅定信念、容易預測。

　　希望：維持現狀，改變前先做充分適應的準備

　　動力：標準原則（SOP 流程）

　　面對壓力時可能會：猶豫不決、唯命是從

　　希望別人：提出保證且盡量不改變

　　害怕：失去保障、突然改變

　　常見族群：內勤同仁、公務人員

「貓頭鷹型」C 的特點：

　　謹慎、修正型、思考者、擅分析、重思考、以程式為主，追求限制、注重細節、高標準、完美主義者。

　　希望：精準有邏輯的方法

　　動力：把事做好

　　面對壓力時可能會：憂慮、鑽牛角尖、慢半拍、退縮

　　希望別人：提供完整說明及詳細資料

　　害怕：被批評、缺乏標準

　　常見族群：財務、法務、稽核、工程師、科學家、電腦人員

DISC 的談判性格分析

主動、直接、外向

目標導向，以事為主（理性）	談判主宰型：剛性談判者──輸贏	談判交際型：軟性談判者──影響	關係導向，以人為主（感性）
	・主宰型人格，立場堅定，硬不退讓 ・重視權力，職稱位階，在乎門當戶對 ・視每個談判場合為其意志實現的戰場 ・充滿自信，堅持己見，不易讓步妥協 ・強硬要求讓步，易筋疲力竭，傷感情 ・不善傾聽，說話直接果決 ・一心贏得目標，不大在乎談判的細節 ・為達目的，施加壓力，不惜翻桌一戰	・表現型人格，易亮出底線 ・渴望獲得掌聲，希望大家喜歡他 ・談判時善於散發熱情，展現親和感 ・喜歡表達，不善傾聽 ・習慣發表意見，總是說不停 ・重視且善於和對手建立良好關係 ・整合型談判不可或缺的要角 ・容易受情緒左右而影響談判表現	
	談判疏離型：硬性談判者──對錯	談判依賴型：柔性談判者──關係	
	・只在乎客觀資料，不喜歡跟人打交道 ・對於不夠專業的對手，容易表現出輕鄙的態度或表情 ・疏離型人格，讓對方覺得很有距離感 ・說話較直接，較容易說實話得罪人 ・常保持不易被對方看穿的撲克臉 ・不易和對手培養出交情 ・為維護己方權益，不惜撕破臉 ・分配型談判的常客與專家 ・引爆衝突的能手	・依賴型人格，希望大家喜歡他 ・希望避免衝突 ・屈於壓力，做出讓步，以求達成協議 ・常常人云亦云，不易守住底線 ・易信任他人，希望皆大歡喜 ・容易感覺窩囊，被佔便宜 ・善於傾聽對方的意見 ・重視關係建立與維護 ・個性溫和，處理衝突的中間人	

被動、間接、內向

DISC 工具用在談判風格的分析如下：

老虎型（D）談判風格，主宰型人格：

・ 立場堅定，硬不退讓；

・ 重視權力，職稱和位階，在乎談判桌上的門當戶對；

・ 視每個談判場合為其意志實現的戰場；

- 充滿自信，堅持己見，不易讓步妥協；
- 強硬要求讓步，易筋疲力竭，傷害感情；
- 不善傾聽，說話直接果決；
- 一心贏得目標，不大在乎談判的細節；
- 為達目的，施加壓力，不惜翻桌一戰。

孔雀型（I）談判風格，交際型人格：
- 容易亮出底牌，透露底線；
- 渴望獲得掌聲，希望大家喜歡他；
- 談判時善於散發熱情，展現親和感；
- 喜歡表達，不善傾聽；
- 習慣發表意見，總是說不停；
- 重視且善於和對手建立良好關係；
- 整合型談判 (註1) 不可或缺的要角；（談合作，整合資源一起把餅做大！）
- 容易受情緒左右而影響談判表現。

無尾熊型（S）談判風格，依賴型人格：
- 希望大家喜歡他；
- 希望避免衝突；
- 屈於壓力，做出讓步，以求達成協議；
- 常常人云亦云，不易守住底線；

- 易信任他人，希望皆大歡喜；
- 容易感覺窩囊，被占便宜；
- 善於傾聽對方的意見；
- 重視關係建立與維護；
- 個性溫和，處理衝突的中間人。

貓頭鷹型（C）談判風格，疏離型人格：

- 只在乎客觀資料，不喜歡跟人打交道；
- 對於不夠專業的對手，容易表現出輕鄙的態度或表情；
- 讓對方覺得很有距離感；
- 說話較直接，較容易說實話得罪人；
- 常保持不易被對方看穿的撲克臉；
- 不易和對手培養出交情；
- 為維護己方權益，不惜撕破臉；
- 分配型談判 (註2) 的常客與專家；（切割利益或負責裁員）
- 引爆衝突的能手。

使用 DISC 人格分析工具要特別注意的是：

- 性格決定命運，但我們可以努力掌握自己天生的優勢；
- 瞭解自己，對自己負責；
- 不隨便幫別人貼標籤；
- 保有自己，適應別人；

- 沒有好壞對錯，但可調整改進，讓自己更好；
- 談判團隊的組成應根據談判的性質、議題的屬性、雙方的關係、時間的急迫……等，決定派怎樣性格的人上場，搭配進行談判；
- 軟硬兼施，均衡圓融有彈性，是談判高手應該具備的人格特質；
- 無論哪一型，人都是有尊嚴、希望被尊重的。切記！切記！切記！

談判案例

電影《關鍵少數》：種族歧視──爭取工作權的法庭談判

這是一部 2016 年的美國傳記電影。背景是 1960 年代，美國與蘇聯進行太空競賽，以及美國種族歧視盛行的時期，三名非裔女性在太空總署 NASA 進行與水星計畫相關的計算工作，雖然三人時常因膚色和性別受到刁難和歧視，但她們從不放棄自己的理想和本分，最終幫助 John Glenn 成為首位進入地球軌道的美國太空人。（摘自維基百科）

場景 1：NASA（美國太空總署）的有色人種員工餐廳（COLORED ONLY）

女主管：「女性不能參加 NASA 的工程師訓練計畫！」

瑪莉・傑克森（以下簡稱 Mary）：「符合資格的人就能申請那個職位。」

女主管：「對！但妳不符合學歷要求。」

Mary：「我有數學和物理學士學位，和這裡大多數的工程師一樣！」

女主管不屑地說：「現在需要維吉尼亞大學進修課程的學歷才行，員工手冊附錄裡有寫，妳大概沒看吧？」

Mary 轉頭對她兩個好姐妹 Katherine 和 Dorothy 說：「每次有機會往前進，他們就把終點線往後移！」

女主管怒嗆：「我只是照規定做事，我也希望我所有的下屬都照規定來，沒有人有特殊待遇，妳們有工作就應該感恩了！」

場景 2：好友家中

Mary：「不能前往維吉尼亞大學上課的人，可以在漢普頓高中上進修課程！」

Katherine：「那裡還是種族隔離的學校！」

Mary：「儘管違反憲法，維吉尼亞州還是進行種族隔離的教育政策，他們絕對不會讓一位黑人女性在全白人的學校裡上課。」

Dorothy：「聽起來沒錯。」

Mary：「妳就只會講這個嗎？」

Dorothy：「我才不想聽妳整天都在抱怨這個！去跟法院申請，爭取妳想要的，但不要光說不練！」

人生路上，好友的鼓勵何其重要。

場景 3：法院

Mary 在家看到電視上馬丁路德博士說：「我們認為自己是為國家奉獻，這不僅是為了我們自己奮鬥，更是為了拯救美國的靈魂而奮鬥！」

這段訪問帶給她信心和鬥志，去迎接在種族歧視下，勇於爭取工作權的法庭談判。

Mary：「早安，法官大人！」

法官：「漢普頓高中是間白人學校！傑克森女士。」

Mary：「是的，庭上，我了解！」

法官：「維吉尼亞還是實施種族隔離的一州，不管聯邦政府怎麼說，不管最高法院怎麼說，我們的法律才是法律。（Our law is the law.）」

Mary：「庭上，請容許我說句話，我相信有些特殊情況是可以考慮的！」

法官：「有什麼情況可以讓黑人女性唸白人學校？」

法官很明顯地是一位種族歧視頗深，「老虎型」的談判對手，而 Mary 屬於熱情活潑口才極佳的「孔雀型」，無所畏懼。兩人一位是法官，一位學數學和物理，都具備「貓頭鷹型」論理敘事的邏輯分析能力。

Mary：「我能向前近一步說話嗎？法官大人。」

法官點點頭，法警打開門，讓 Mary 上前更靠近法官。（拉近距離：談判親和感建立）

Mary：「法官大人，您應該最能了解首開先例的重要性！」

法官：「此話怎講？」

Mary：「您是您家族中最早加入美軍的成員，美國海軍；最早讀大學的家族成員，喬治梅森大學；也是最早連任的州法官，連續三任州長都任用您！」

法官：「妳有做功課！（You've done some research.）」

Mary：「是的，大人！」

法官：「妳的重點是什麼？（What's your point?）」

Mary：「重點是，維吉尼亞從未有黑人女性曾經到全白人的學校讀書，這是前所未聞（Un-heard）的事。」

法官：「是的，前所未聞。」

Mary：「在艾倫雪帕（Alan Shepard）坐上火箭前，沒有一個美國人到過太空，現在他將永遠被世人記住。這個出身於新罕布夏州的美國海軍，是第一個進入星空的人。而我，我要成為太空總署的工程師，但如果不到白人學校進修課程，我就無法做到這件事。我不能改變我的膚色，所以我不得不選擇做先鋒，但沒有您，我無法成功！」（動之以情）

「大人，現在您所看到的各種案件，100 年後哪一個案子是重要的呢？哪一個案子能讓您首開先例呢？（Which one is gonna make you the first?）」（充滿堅定自信，渴求期盼的眼神。同時

訴之以理及利，法官的利益）

法官想了一下：「只能上夜校，傑克森女士。」（談判的讓步：兼顧法官大人的權威，及在場眾多白人觀眾的心情）

Mary 成功了，法官留名了，雙贏談判力，越談越有利！

「關鍵少數」的 4 個談判技巧：

1. 談判的親和力和說服力都很重要！（近一步說話好嗎？）
2. 談判要做好事前的資訊搜集，知彼知己，百戰不殆！
3. 談判要兼顧對方利益，站在對方的立場，為自己著想！
4. 談判內容的切割，就是一種讓步！（不能日校，只能夜校）

（註1）整合型談判：一起做大餅的談判，雙方合作創造更大利潤與價值的談判。

（註2）分配型談判：彼此分大餅的談判，切割分配有限資源與利益的談判。

三、我教的不是「談判」，是「人性」！

　　這是個 Fintech（金融科技）的大時代！電子商務（Electronic Commerce）、人工智慧（AI）、大數據（Big Data）、雲端服務（Cloud）、Bank4.0、生態系（Ecosystem）、區塊鏈（Block Chain）、虛擬貨幣（Virtual Money）、監理沙盒（Regulatory Sandbox）、行動支付（Moble-Payment）、機器人理財（Robo-Advisors）、純網銀（Internet-Only Bank）、物聯網（Internet of Things）……無論科技如何日新月異，至少到目前為止，我們談判的對象還不是機器人（Robot），而是真實的人（Human-Being）！

　　所以在上談判課的時候，常跟學員們說：「**我教的其實不是談判，是人性！**」

　　講到「人性」，大多數人都是得寸進尺、落井下石、貪得無厭、欺善怕惡、趨利避害、好逸惡勞、自以為是、理所當然、先入為主、習以為常、不懂感恩、以牙還牙、朝三暮四、從眾心態……不是不好，只要認清人性就好。而談判之道，始於人性，「得寸不進尺」，如同「好菜不添飯」！拋磚不引玉，委屈難求全！得饒人處「不饒人」！「落井」怎能不「下石」？溫良恭儉，就是不「讓」！「我息事寧人」，還是「寧可我負人」？

　　科學家研究證明，人類的左右腦分別掌管理性與感性的一面，左腦管的是理性，即語言、邏輯、分析、推理；右腦管的是感性，即直覺、情感、想像、創意。請問你是「左腦人」還是「右腦人」呢？之前有學員回答我說：他是「煩惱人」，我無言。

　　學習談判，你必須了解「人性」：為什麼我們那麼「愛比較」？為什麼「免費」讓你更花錢？為什麼人們很容易「自以為是」？為什麼貴的東西感覺「比較有效」？為什麼選擇太多反而讓人感到迷惑，而無法得到真正想要的東西？

　　接下來要介紹跟人性有關，有趣又有用的兩個談判及銷售理論：「登門檻效應」及「留面子效應」。

登門檻效應（Foot In The Door Effect）

　　首先介紹由小而大、由少而多、由近而遠、由易而難的「登門檻效應」。

軟出牌，開低（身段放低，要求降低），誘敵深入，請君入甕

　　1966 年，美國社會心理學家弗里德曼（Freedman）和他的學生們做了一個非常經典的實驗，他計畫向兩個社區的居民提出相同的要求，希望能在他們門前的草坪上豎立一個字體很醜，而且還大到足以影響屋主花園能見度及美觀，上面寫著「小心駕駛」的大型警示標語立牌。

首先，在 A 社區，研究團隊向人們直接提出這個要求，結果遭到大多數居民的拒絕，接受者僅為被要求者的 17%。

然而在 B 社區，他們改變了做法，學生們先挨家挨戶地請求居民們在一份「贊成安全行駛的請願書」上簽名表示支持，這對居民來說，是相對容易做到的事，因此，幾乎所有的被要求者都照辦了。

兩週後，弗里德曼請學生再次登門拜訪 B 社區的同一批屋主，除了表明感謝兩週前的熱情協助，並進一步詢問，是否能在他們門前的草坪上豎立一個字體很醜，而且還大到足以影響花園能見度及美觀，上面寫著「小心駕駛」的大型警示標語立牌？結果這次竟然有 55% 的受訪者答應這項要求，跟 A 社區相比，同意率足足高出了 38%。

為什麼會有這樣大的落差呢？心理學家研究的結論是：

第一、「**自我認同意識**」。當我們答應對方較小的要求時，會覺得自己有能力和熱心可以幫助他人。因此當對方提出更多的要求時，為了維持「有能力且熱心助人」的形象，就變得不容易去拒絕別人接下來的請求，就算這個請求是較困難的。

第二、「**最初愉快經驗**」。當我們同意最初的小小要求時，會覺得幫助別人是件好事，何況也沒有什麼不愉快，因此就比較容易答應後續更大的要求。

這個實驗印證了社會心理學「登門檻效應」的存在。

「登門檻效應」（Foot In The Door Effect）是指：人們通常不樂於接受比較困難或過分的要求，因為既耗時費力傷神，又未必對自己有利。然而一旦人們願意接受一個簡單的小小要求，就有可能接受後續更大的請求。

從人性的角度來看，這可能是對方為了「避免造成認知上的不協調」，或是「想要保持前後一致的個人形象」所致。所以當接受了第一個小的要求之後，會比較願意接受下一個更重大、更複雜或更難答應的要求。

就如同推銷員只要能讓對方答應把門打開，並把腳踏進門檻卡住門，就有後續推銷成功的機會，所以這又稱作「腳在門檻內效應」。這個特別的名稱，是來自於以前還沒有線上購物和電視購物的時代，推銷員大多必須挨家挨戶地登門拜訪客戶，推銷商品，但許多人一看到是推銷員來銷售，就立刻關上大門，讓推銷員連開口介紹產品的機會都沒有。於是聰明的推銷員就趁門剛打開時，先把一隻腳伸進門內擋著，避免客戶立即關上門，以爭取一點時間介紹產品，提高交易的機會。

「登門檻效應」應用在現代心理學上，是指當我們對他人有所請求時，若只從「一個小小的要求」開始，對方比較容易答應。一旦對方答應了，再趁勝追擊提出另一個更大的要求，那麼這個較大要求被接受的機會，就會大為增加的現象。

俗話說得好：「有一就有二，有二就有三，無三不成禮。」這就跟成語「得寸進尺」的意思是一樣的，所以又叫做「得寸進

尺效應」。

　　人們通常希望自己的言行舉止、態度與信念是從一而終的。由於已經接受了前面一個小的請求，若是拒絕後面較大的請求，可能會出現「認知不協調」的狀況。人們害怕別人覺得自己是善變而不值得信任的，所以為了達到心理上的一致與和諧，人們通常會調整自己的態度和回應，在接受了小的要求之後，會答應更大的或不相關的請求。

　　有沒有這樣的經驗？當你走在路上，遇到有人在街頭進行市場問卷調研，你是否會駐足協助呢？「大哥，可以麻煩您幫我做個簡單的問卷嗎？只有 5 個題目喔！」這種小事情，我們通常很難拒絕吧！

　　「大哥，謝謝你幫我填問卷！你真是位好人，可以順便幫我買一份愛心手工餅乾做公益嗎？每份只要 50 元喔！」你，好意思拒絕嗎？

　　百貨公司週年慶總是吸引大批民眾前往「撿便宜」，尤其是一樓的化妝品專櫃小姐，總帶著甜美的笑容，親切地詢問：「小姐，您要不要試用看看？」妳覺得試試無妨，便坐下來試用。「要不要再試試最新進階的產品？或其他 CP 值更高的產品呢？」妳又答應了。

　　「看看鏡子，您的氣色和膚色真是好極了！」、「這真的很適合您耶！」、「週年慶限時限量，一年唯一一次，走過路過，不要錯過！」、「這已經是整年度最優惠的價錢了喔！」、「本

日最特惠！」……，一不小心，手上就多了好幾袋化妝品。而這只是百貨公司週年慶的第一關，前方機關重重、處處折扣，環境如同唐三藏師徒西天取經般地險惡。這就是「登門檻效應」，一切都始於一開始的「您要不要試用看看」？

在一般情況下，人們通常不願接受較高難度的請求，但如果從「小請求」拜託起，人們就有較高的機率會答應高難度的請求。為了「避免不協調」，或是「保持一致性」，人會不自覺地答應後續較為無理的要求。

上述心理效應告訴我們，要讓他人接受一個很大甚至是很難的要求時，最好先讓他接受一個小要求，一旦他接受了這個小要求，他就比較容易接受更高的要求。

1. 人們總是希望保持自己的美好形象，所以第一次答應之後，第二次便比較難再拒絕。

2. 循序漸進總是更容易讓人接受一些。

3. 巧妙運用「得寸進尺效應」，會讓你的銷售或談判工作進行得更加順暢。

讓人一下子接受「尺」並不容易，但接受「寸」就相對容易多了，所以得寸就會進尺，運用之妙，存乎一心。老子的《道德經》說：「千里之行，始於足下。」千里的路程，是從邁出第一步開始的。比喻事情的成功，是從小到大逐漸積累起來的。一個人如果認準方向之後不停地朝著目標努力，從小處做起，一步一步走下去，持續積累創造成果，就必能到達成功的彼岸。

　　談判最重要的，是對方願意或是有勇氣上桌談。跟銷售一樣，產品再好，對方如果不把門打開，則英雄無用武之地；條件再好，超有誠意，談判能力再強，但對方不願或不敢上桌談，一切都是枉然。讓對方開門，並把門卡住，才有後續介紹商品理念和價值的銷售機會。

　　讓對方上談判桌，努力讓他留下繼續談，才有談出結果並創造雙贏的機會。那麼談判時要如何運用「登門檻效應」呢？

1. **放低身段**：「堅守立場」不代表非要「擺高姿態」，釋出誠意，建立親和，讓對方相信跟你談會讓情況改善，有更好的結果，則比較願意跟你談。

2. **軟出牌**：一開始就把己方談判的目標要求降低，先提出較容易或合理的要求，誘敵深入，請君入甕。

3. **讓利或讓步**：主動釋出善意，放出利多消息給對方，能讓的部分先讓，甚至多讓些，博取對方的信任，創造更大的談判雙贏，最後也許你能得到更多。

留面子效應（Door In The Face Effect）

　　接著我們來看由大而小、由多而少、由遠而近、由難而易的「留面子效應」！

硬出牌，開高（姿態放高，要求提高），先聲奪人，虛張聲勢

先給消費者一個很高的價格或規畫，隨即給出一個較低的價錢或規畫，造成「真的很便宜」、「我能付得起」的心理感覺。像是史帝夫・賈伯斯（Steve Jobs）當初宣布 iPad 價格時，先向眾人表示，根據市場上的專家意見，應該以低於 1,000 美元為售價，此時螢幕上出現 999 美元的字樣。而後，賈伯斯旋即宣布 iPad 不會這麼貴，只需要 499 美元，這就是「留面子效應」的最佳案例。

與「登門檻效應」相反，卻也能達成類似效果的「門在臉上效應」是：先向對方提出一個不合理的請求，被拒絕（像被門打到臉上）後，立刻提出一個較合理或符合對方能力所及的請求。這時候對方會覺得第二個提議合理多了，而比較願意答應。下次當我們有求於人時，不妨試試看這兩種技巧，也許會讓你的請求順利被接受喔！

「留面子效應」（Door In The Face Effect）是指人們拒絕了一個較大要求後，對較小要求的接受程度增加的現象。相應地，為了達到推銷的最低回報，先提出一個明知別人會拒絕的較大要求，可以提高顧客接受較小要求的可能性。在日常生活中，產品定價和售價的落差，就是這個技巧的應用。

美國的心理學家團隊曾經進行過一項研究實驗，要求 A 班的 20 名大學生花兩年時間，擔任一個少年管理所的義務輔導員，這是一件很費神的工作，大學生們斷然謝絕。

　　隨後，他們提出另一個要求，讓這些大學生「帶領少年們去動物園玩一次」，結果 50％的人接受了。而當他們直接向 B 班的 20 位大學生提出同樣「帶領少年們去動物園玩一次」的要求時，結果卻只有 16.7％的人願意。

　　那些拒絕了第一個要求的 A 班大學生認為，這樣做損害了自己富有同情心、樂於助人的形象。為了恢復他們的「利他形象」，便欣然接受第二個要求。再者，當實驗者提出一個要求遭到拒絕後，接著再提出另一個小一點的要求，這可以看做是談判時某種程度的讓步。出於基本禮貌、互惠原則或人性，另一方通常也願意做出相應的讓步，做為回報。很有趣吧！

　　其實，「帶領少年們去動物園玩」也是一件很勞力費神的工作，這從被直接提出要求的 B 班大學生中，只有 16.7％的人願意接受便可以看出來。但為什麼當把這個要求緊接在另外一個較困難的要求之後，A 班大學生會有 50％的人願意接受呢？這種現象就叫做「留面子效應」，也叫「門面效應」。

　　有一次我要去澎湖第二信用合作社講課，記得那是個星期六的早上，在松山機場等飛機。忽然聽到站務人員廣播報告：「由於飛機狀況似乎有些異常，為了安全起見，起飛時間將延遲三小時。」頓時，候機室的乘客一片譁然。儘管如此，安全無價，再怎樣都得在候機室度過這難熬的三小時。

　　不料約莫 50 分鐘之後，又聽到站務廣播宣布：「故障事件已排除，我們將於 10 分鐘後安排各位旅客進行登機。」聽到這

個消息，乘客們都露出了笑容，如釋重負，喜出望外，拍手叫好，彷彿有一種賺到的感覺，剛才的焦慮及不悅，瞬間拋到九霄雲外。雖然飛機延誤了約一小時才起飛，但乘客們卻未對航空公司多有責難，反而感到慶幸和滿意，有一種賺到兩小時的感覺。這就是心理學上所說的「留面子效應」。

心理學家認為，在向別人提出自己真正的要求之前，可以先提出一個比較大的，強人所難的要求，待被拒絕以後，再提出自己內心真正的要求，這時，別人答應的可能性就會大大增加，這種現象就叫做「留面子效應」。

「留面子效應」主要是由於人們在拒絕別人較大較難的要求時，有時會感到自己沒有能夠幫助別人，辜負了別人對自己較高的期望，而感到內疚。這時，為了維持在別人心中的良好形象，達到自己的心理平衡，一旦提出較小較簡單的要求，人們往往願意接受。

「留面子效應」要成功，有三個關鍵因素要注意：

1. 最初的要求必須較大、較不合理，讓拒絕你的人覺得他的拒絕是理所當然的。

2. 前後差異頗大的兩個要求，間隔時間不能太長，因為人是很健忘的。

3. 別人是否有責任或義務對你提供幫助，或雙方要有一定的利益糾葛或一定程度的交情。

談判案例

收玩具的親子談判學

當三歲小孩不願意整理凌亂的玩具時，如何進行親子談判？

不知道是哪個親子溝通專家提出的「好建議」，妳可以跟孩子說：「媽媽已經把地上的玩具整理了一半，剩下一半換你整理喔！」或是：「媽媽已經把地上的玩具整理了一大半，剩下一點換你整理喔！」或是：「媽媽已經把地上的玩具都幫你收到玩具箱裡了，你只要把玩具箱的蓋子蓋上就好了喔！」

這正是「登門檻效應」的親子版。

再複習一下，人們通常不樂於接受比較困難或過分的要求，因為既耗時費力傷神，又未必對自己有利。一旦人們願意接受一個簡單的小小要求，就有可能接受後續更大的請求。

然而這在三歲小孩身上有用嗎？答案是：「不好說！」

我朋友的兒子就跟她說：「就差個蓋子，妳自己蓋上不就好了，為什麼一定要我蓋上呢？」或是：「既然妳都快整理完了，幹嘛還要我整理？妳自己整理就好了呀！」媽媽臉上瞬間出現三條線。

結論：親子談判跟所有其他談判一樣，對手很重要！「登門檻效應」的效用，見仁見智，所以見機行事，方為上策。

談判案例

開腦更開心！「打八折的翻轉人生」

Joanna 是一位保險業的銷售天后，無論在大型保險公司或是在保險經紀人公司，她永遠是業績排行榜上的風雲人物，年年績優出國，並為 MDRT（全球保險業百萬圓桌頂尖業務員）的終身會員。

她的銷售方式和價值觀跟別人很不一樣。假設一位準保戶的保險規畫能力大約是年繳 10 萬元，她通常只幫保戶規畫年繳 8 萬元就好，一來客戶的保費負擔不會那麼重，二來客戶會覺得這個業務員很特別，有同理心，為他著想，不像其他業務員都只是一味地要他多買些。保險的確不嫌多，有買就代表有錢加上身體好。但不需要一次買太多，尤其是第一次見面的轉介紹客戶，信任感還不夠，為他規畫不超過能力範圍，而是游刃有餘、繳費較輕鬆的保單，先建立信任，創造雙贏，這就是「登門檻效應」在銷售談判上的最佳運用。

相反的，大部分業務員都被訓練要多幫客戶規畫些，因為客戶真正的經濟實力永遠不會跟你說，所以如果你覺得客戶的能力每年可以規畫年繳 10 萬元，應該從年繳 20 萬元的保單規畫談起，就算最後打對折也能達標，這就是「留面子效應」。

Joanna 說，幾年前腦部動手術之前，她習慣用「留面子效應」，加碼幫客戶規畫保單，她覺得開高得高，先講先贏，銷售高手的

她總能說服客戶多買一些，比較保險。

但大病初癒、從鬼門關歷劫歸來的她，人生觀有了重大的轉變，也改變了自己的銷售價值觀和銷售技巧。只為客戶規畫打八折的保單，尤其是面對新認識的準保戶，不急著賣大單，運用「登門檻效應」，多些同理心，獲得客戶更多信任，成為自己的忠實保戶。也許今年買得比較少，但之後年年都會再買，收穫往往更豐碩。

銷售不是只做一天，如果你希望擁有更佳的「顧客生命週期」（customer lifetime），在銷售談判時，無論使用「登門檻效應」或是「留面子效應」，都要將心比心，用心傾聽，盡可能了解客戶的需求與能力，站在客戶的立場，多替他想想，客戶非草木，會有感覺的。

親愛的讀者，如果你是銷售人員，你會用「登門檻效應」還是「留面子效應」來進行銷售呢？這沒有對錯，只是一種選擇，因人而異。

面對日新月異、來勢洶洶的 Fintech（金融科技）時代，別忘了那句老話：「科技，始終來自於人性！」銷售和談判亦然。

四、目標設定，莫忘初衷

談判案例

IKEA：「旋轉椅組裝流血事件之賠償談判」

Jenny 和她先生到 IKEA 買了單人沙發及 2 張旋轉椅，總共花了 12,500 元，請 IKEA 送到家的運費 900 元，他們覺得不需要再多花錢讓 IKEA 到府組裝，應該可以自己來，但在家組裝時才發現原來沒那麼簡單。而其中一張椅子的旋轉座「似乎」有些小瑕疵，以致她先生在組裝時刮傷了手指。

傷口雖然不大，但感覺很差，火氣很大，於是他寫了一封抱怨信，mail 到 IKEA 瑞典總公司，表達自己「不蘇胡」的心情。你沒看錯，他寫了一封英文的 mail 給 IKEA 總公司，而不是臺灣分公司。我覺得有點訝異，也很佩服，至少可以順便練習英文書信的撰寫。他們很快地收到了回覆的 mail，國外總公司表示非常抱歉，並會請臺灣分公司人員妥善處理。

臺灣的客服人員也很快地發了一封充滿誠摯歉意的 mail，表示：「我們感到非常抱歉，一定會對此事負責。請保存好醫療支出的單據，IKEA 會負擔所有醫藥費用，並會盡速換一個全新的旋轉椅給客戶。」

其實這真的只是小傷，實在沒什麼好要求醫藥費的，這對夫妻算是老實人，他們也不知道要怎麼回。聽完這段經歷，我忍不住問 Jenny：「說真的，妳老公大費周章地寫英文信到 IKEA 國外總公司抗議，除了心情不好發洩一下，你們到底要什麼？」Jenny 尷尬地笑著說：「我們只是想看看他們會有什麼回應？會不會給什麼好康的補償？」我當場有點說不出話來。

在了解他們確定要這張椅子之後，我建議她也許可以這樣跟 IKEA 說：「謝謝你們積極負責的回覆，傷口沒大礙，不需要賠償醫藥費。但我需要換一張新的椅子，你們可以檢查無瑕疵之後，組裝好送來；或是派人免費來我家幫忙組裝新椅子。」

讓 IKEA 二擇一，既可省下組裝費，又不用花精力和時間去組裝。Jenny 夫妻本來並沒想到可以這樣要求，只想到要對方換張新的椅子來，然後自己組裝就好。聽了我的建議，她覺得很有道理，便跟 IKEA 說：「我還是要這張椅子，但因為組裝受傷，心情也受影響，麻煩你們換貨時，請師傅組裝好，檢查貨品確定無瑕疵再送來。」對方欣然接受這樣的選項。

結果 IKEA 的組裝人員只花了不到 10 分鐘的時間，就在 Jenny 家組裝完成，他們有了一張完好的新椅子。

這個談判讓 Jenny 省下幾百元的組裝費，讓她先生省下 20 至 30 分鐘的組裝時間（自己組裝還要再看說明書，很麻煩），同時也讓 IKEA 的服務中心在其權限及能力範圍內，迅速完成上

級交代的任務，平復客戶的不悅，滿足客戶的需求，增加客戶滿意度，讓客戶恢復對 IKEA 的信心。這就是生活中無所不在的雙贏談判！

親愛的讀者，如果換成是你，若按照「得寸進尺的人性」，你會跟 IKEA 要求什麼呢？也許你覺得這很簡單，但重點是：生活中很多事情或問題，你有沒有想到如何保障自己的權利、增加自己的利益、讓自己更方便愜意，而且是對方能接受又做得到？

就算有想到，你有沒有試著去爭取看看呢？不談不會怎樣，但談了也許會很不一樣，雙贏談判力，越談越有利！

五、談判二心——誠心「同理」＋用心「傾聽」

談判二心指的是：**誠心「同理」，用心「傾聽」**。

管理大師彼得 ‧ 杜拉克（Peter Drucker）說：「最重要的溝通，是聽到沒說出口的話。」

這句話有兩個深層的含義：

1. **「溝通三要素」包括文字語言、聲音語調和肢體動作**。根據專家研究，在面對面溝通時，最具影響力的是肢體動作和臉部表情，毋須多言，看就知道。

2. **同理心很重要**。捫心自問，你有同理心嗎？問問自己，對一個失戀的男生你會怎麼安慰他？「天涯何處無芳草！」對一個失戀的女生你會怎麼鼓勵她？「下個男人會更好！」但是，如果你真的失戀過，你覺得這兩句話有用嗎？相信大多人都會搖頭。

我曾經在失戀得很嚴重、十分心痛的時候，公司副總安慰我說：「Leader，有這麼痛嗎？」

而總經理也來問候我：「Leader，你還要痛多久？」

我知道他們是好意，希望我趕快恢復正常，重拾往日笑容。然而，我寧可朋友們對我說：「Leader，雖然我不知道要說些什麼，但如果你想說，我很願意聽，我都在。」或是：「Leader，

雖然我不知道要說些什麼，但我很高興你願意跟我分享。」

　　這樣感覺會不會好很多呢？因為「同理」帶來的是溫暖，而不是另一個問題。「熱心和關心」需要配上「同理心和智慧的言語」，才能發揮最大藥效，否則可能「藥到命除」，而非「藥到病除」喔！

　　「同理」的重點不是說你「感同身受」，而是要說出對方目前的情緒起伏，或五味雜陳的痛苦。同理心不是認同對方，重點在於**「理解」**。

　　我們天生需要有人能理解我們，並與他人建立連結。展現同理心，說出同理話，不妨練習有溫度地慢慢說：

　　「我能瞭解您的感受！」

　　「我能體會您的心情！」

　　「我明白您的意思！」

　　「我清楚您的立場！」

　　「真是辛苦您了！」

　　「您說的很有道理！」

　　「難怪您會生氣，換作是我，同樣也會很生氣的！」

　　挑一句你可以很自然就說出口的同理語言，練習看看，久了就能內化成你的修養和高度。

　　紐西蘭年輕的女總理傑辛達・阿爾登（Jacinda Ardern），在 2019 年初經歷恐怖分子血洗清真寺、造成 50 餘人死亡的事件

後，在國會對全國的穆斯林溫情喊話：「**雖然我們無法了解你們的悲傷，但我們會跟你們走過每一個哀傷的時刻！**」搏得紐西蘭朝野政黨及全球的一致好評。

同理心能帶來凝聚力和團結向心力，談判時，更能帶來親和感及信任感，無論溝通、銷售、談判，同理心無所不在。

「同理」和「傾聽」是哥倆好，兩者缺一不可，相輔相成。有人問，是先同理才能傾聽，還是先傾聽才有同理？這就好像是雞生蛋還是蛋生雞？有同理心，才會願意傾聽；專心傾聽，才能真正同理，或是充分地展現同理心。

優秀的聆聽者可以在另一方開口之前，就知道對方要說什麼。觀察與覺察很重要！傾聽，要聽得出對方的問題、感受、想法、需求和下一步動作，「談判同理心」是要洞悉對方的真實利益、束縛局限、視野觀點及替代方案。

在此提供大家一個有效表達不同意見的談判溝通技巧：「**緩衝語法**」。

談判面對衝突時，靜下心來問問自己：

他在說什麼？為什麼這麼說？他的證據是什麼？

我的證據是……這個證據顯示……所以我認為……

緩衝句例子：

「我能體會您的感受……」

「我能瞭解您的想法……」

「謝謝您的意見，給我一個說明的機會……」

「您的意見很中肯……」

「您讓我看到了另一個角度……」

「您讓我知道了另一種想法……」

「您提出來的意見是很多人關心的議題……」

「有些人一開始的想法也跟您一樣……」

「我知道您的顧慮在哪……」

「我們常遇到客戶有這樣的問題、反應……」

並緊接著使用緩衝句的語助詞：「同時」、「其實」或「然而」，最後用「證據」消除對方的懷疑、誤會和顧慮。「證據」包括當場示範、現實狀況、舉例說明、佐證資料、統計數字、官方報告、法令規定、專家說法、歷史經驗及往常慣例。

舉例說明：「Kelly，謝謝您讓我知道了另一種想法，然而根據 2019 年的這個判例，讓我們可以很清楚地知道……」

談判案例

電影《王牌對王牌》：看含冤待雪的談判專家，如何運用同理心與親和感，保命逆轉勝？

《王牌對王牌》（The Negotiator）是一部 1998 年上映、場景在芝加哥的經典談判電影，由真人真事改編。

Roman 原為芝加哥警局的頂尖談判專家，卻被陷害涉及貪污案，並被懷疑是殺害搭檔的凶手，因而被撤職控訴。在投訴無效、

求救無門的情況下，Roman 冒險劫持人質與警方對峙，以證明自己的清白。

Roman 深知警方談判程序，因此點名要求另一名頂尖的談判專家——Sabian 與他談判。Roman 必須透過和 Sabian 之間的對話，為自己洗刷罪名；而 Sabian 也必須在芝加哥警局同袍準備好擊斃 Roman 之前，讓他證明自己的清白，一場意志力與人質談判的多方拉鋸戰就此展開……

令人印象深刻的一幕是，Roman 主動打電話給將他團團包圍住的芝加哥警局老戰友們，他一方面安慰老同事：「別再責備自己了，我們都有過糟糕的日子！」

更提醒大家：「今天來這裡，重點不是我，而是我們要一起找出，誰偷了我們的錢？誰殺害了我的好搭檔？我們之間出了壞警察，今天要查出他們是誰。我知道你們現在不相信我，但我是被陷害的，我是冤枉的！我從來沒變，我還是曾與你們生死與共的那個小伙子，和你一起打球、一起喝酒的好朋友，是你邀請回家慶祝兒子受洗的那個人，也是在體育場從狙擊手槍下救過你的那個人……」（感性的心戰喊話，動之以情，建立親和感，提醒老同事們，別忘了我們的交情，幫夥伴們找回往日同甘苦、共患難的回憶）

「現在我『要』你們，喔不！我『需要』你們明白，我無從選擇，這回我忍無可忍，請你們設身處地、將心比心地想想，我還能怎麼辦？」

　　「我想告訴大家，我是被陷害的，可是沒有人願意聽！現在你們沒得選，我們要待在這，直到查出陷害我的人。提醒你們，我知道交戰原則，所以別試探我。你們還有 4 分鐘讓 Sabian 趕到現場，否則將會知道我絕非虛張聲勢！」（理性的心戰喊話，脅之以力，提醒老同事們別忘了我的實力──芝加哥警局的神槍手兼談判一哥）

　　也許你會懷疑：談判時，這樣展現同理，建立親和感的心戰喊話真的有用嗎？在電影中，一開始警方布下天羅地網，將劫持人質的 Roman 團團圍住時，狙擊手巴勒莫（Plaermo）一趕到天台布署時，第一句話就說：「他劫持了長官，等下找到機會就把他幹掉！」

　　然而就在 Roman 進行心戰喊話之後，當巴勒莫找到機會，手中狙擊槍的紅點打在 Roman 頭上時，不管警方突擊隊隊長再三下令「消滅目標」，巴勒莫卻遲遲無法開槍，因為他就是 Roman 在體育場從狙擊手槍下救過的那個人！最終他表明實在下不了手，而被解除狙擊任務。

　　這是電影裡最盪氣迴腸、觸動人心的一幕，Roman 因為建立了親和感，而逃過最致命的一劫！

　　由此可見談判的同理傾聽、建立親和感，何其重要？

　　從另一個角度來看，就如同 30 年經驗的 FBI 談判專家所說：「對恐怖分子表達同理，並不是因為認同對方，而是希望減少傷

亡。」知彼知己，百戰不殆！了解對手，滲透對手，分化對手，是重要的談判技巧！換言之，如果最後狙擊手還是開槍了，那也得認命，至少談判已經盡力了。

「談判」就是：為免遺憾，盡力去談！

此外，請大家想一想，以下兩者，哪種說法你比較會答應、接受、配合或買單呢？I want（我要，命令口吻）或是 I need（我需要，請求口吻）？

再比較以下兩者的差別：

You shall（你應該要，是一種責任，態度較嚴肅的口吻！）

You should（你應該要，是一種建議，有同理心，態度較輕鬆的口吻！）

如果分辨不出來也沒關係，這可能不是談判的問題，而是英文已經還給老師的問題喔！哈！

用字遣詞的精準度，影響你的談判說服力！我們會在接下來做更深入的探討。

六、穿透人心的「談判說服力」

談判一定要舌燦蓮花、口才極佳嗎？口才不好，談判一定會敗陣下來嗎？這真不好說！

很會說話的人，口若懸河，談判對手會張大眼睛、繃緊神經，盡全力地圍攻你、對抗你；很不會說話的人，言不及義，沒有章法和邏輯，談判對手瞧不起你，找機會痛宰你。

談判未必要伶牙俐齒，但一定要有備而來。具備談判說服力的人，該說話的時候掌握時機，表達見解，捨我其誰；不該說話的時候安靜傾聽，沉默是金。

簡單一句話就是：「**該閉嘴時當閉嘴，該說話時別客氣！**」

孔子在《論語・憲問篇》說：「時然後言，人不厭其言。」審時度勢，說話得體，該說話的時候當仁不讓，義無反顧表達意見，因此人們不討厭他說的話。所以，說話的時機很重要！

談判案例

電影《型男飛行日記》：「裁員高手的談判技巧」

《型男飛行日誌》（Up in the Air）中，喬治・克隆尼飾演一位專門負責為企業裁員的「裁員談判專家」萊恩・賓漢。他富

有敏銳的觀察力及觸動人心的說服力，成為此行業中數一數二的談判高手！

「雖然我希望能帶來好消息，但你和我坐在這裡，是因為這將是你在這間公司的最後一週了！」無論面對何種反應的被裁員者，裁員談判專家所展現的是：軟性的開場白、喜怒不形於色的撲克臉、一雙誠摯專注於對方的眼睛、看似願意傾聽的耳朵、堅強無懼的心臟，善問好問題，穿透人心的談判說服力，以及盡力搜集資料，充分做好準備的全力以赴。

其中有一段劇情讓人印象深刻：一位中年的被裁員者拿出皮包，秀出他兩個小孩的照片：「你要我怎麼跟他們說？」（動之以情）

當男主角正在思考如何回答這個問題時，他的工作夥伴，年輕的娜塔莉在旁邊冷不防冒出一句：「也許你低估了職業轉變對孩子的正面影響！」

被裁員者馬上回擊對方：「一旦被裁員，房貸和保險馬上就要面臨斷炊的困境，不僅得搬家，當女兒氣喘發作時，就只能緊抱著她。」（聽來真的滿慘！）

沒想到娜塔莉竟回應：「根據研究，受到中等挫折的孩子，會用更有成就的學業來因應這樣的挫折。」（妳是來亂的嗎？）

男主角臉上露出不可置信的表情，而被裁員者直接以粗話回應這樣毫無同理心的無知言論。這情況告訴我們：談判時，「寧可有神對手，也不要有豬隊友！」

　　男主角在關鍵時刻問對方：「你很希望得到孩子們的崇拜是嗎？但我懷疑他們並未崇拜過你！我不是心理醫生，只是幫你認清現實。孩子們喜歡運動員，是因為他們一直在追求夢想。」

　　「他們當時給你多少薪水，讓你放棄了你的夢想？」

　　「你什麼時候才會回頭做你真正喜歡的事？」

　　「你現在有個機會，這是一次重生。」

　　「就算不為自己，也是為了你的孩子。」

　　字字鏗鏘，句句動人，充滿說服力！當這位被裁員的父親態度軟化，被說服的那一刻，遞上的裁員資料就不再那麼令人憎恨，不再只是通往地獄的門票，而是一個難得重生的機會！

　　知彼知己，百戰不殆，高超且觸動人心的談判說服力，讓你談判事半功倍，無往不利。

💬 現學現賣，即學即用的「談判話術精選」

　　提高成交機率的說法：
- 「不如我們各讓一步，好嗎！」
- 「讓我們晚點再討論這件事吧！」
- 「這件事，要不要交給老闆來決定？」
- 「我們何不跳脫傳統思考的框架？」
- 「你要求的，我差不多都讓給你了，你是不是也應該要

還我些什麼，才算公平呢？」

- 「聽我說，我想你會喜歡我這個建議！」
- 「這個價錢已經很優惠了，不是嗎？」
- 「你有沒有想過，也許我們可以一起把餅做大？」
- 「我沒有太多時間！不如這樣，你給我一口價，如果行，我馬上下單；不行，也別破壞交情，好嗎？」
- 「這是我們價格的成本結構，也就是要收取這個費用的原因。當然，如果下單的數量多，還是會有些價格優惠的。」
- 「要不要我們都各自回去請示一下老闆，看看這個數字行不行，或看還有沒有其他的解決方案？」
- 「這樣說固然也有一些道理（Yes），但是你有沒有想過萬一（But）……」
- 「如果一定要我現在回答的話，我的答案是『NO!』」
- 「我已經讓這麼多了，你得拿出更大的誠意才行！」
- 「我能做的就這麼多了！」
- 「要不要隨便你！」

●●●● 犀利有勁的「川普談判學」

川普說：「我也討厭這麼做！但是如果我願意的話，還有另外 2,670 億美元商品的關稅措施，可以在短時間內準備就緒！」

「跟中國的磋商進行得非常好，但我們還沒準備按他們希望的方式達成協議！」

「我們將繼續與中國談判，我非常尊敬中國國家主席習近平，但目前就是無法達成協議！」

「我向梅克爾總理重申本人對北約組織的強力支持，但是我們的北約盟友也得公平分擔支付軍事費用！」

「雖然跟日本首相安倍交情不錯，一旦我告訴他們必須付出多少錢時，這樣好交情恐將結束！」

「儘管希望和中國是朋友關係，但美國要做美國需要做的事！」

「我已拒絕與中國進行談判，因為談判的時機還未到！」

「目前沒有理由在美韓聯合戰爭遊戲上花大錢，但如果必須這麼做，美方也可以立即與南韓、日本再次展開聯合軍演，而且規模會比以往大得多！」

「如果他們不大刀闊斧力行改革，我將會退出ＷＴＯ！」

「我愛加拿大，不過它已經利用我們國家很多年，美加貿易協定，必須完全按照美國的條件！」

「我們正在與中國談，中國非常想談。除非中國拿出對美方

公平、可接受的協議，否則我們不會妥協，在這問題上美方別無選擇！」

「這場會議很有建設性，金正恩是好人，是號人物。我們有些選項，但這次我們決定不做任何選擇。」

「我總是做好離場準備，我從不怕協議破局。」

「有時你必須走開，這次就是其中一次。」

「會談的氣氛非常好，非常友好。這不是那種『站起身來扭頭就走』的離開。我們還握了手……我們的關係非常溫暖，我們的走開是非常友善的散步。」

「我原本沒有這個打算的，但是如果你想要這麼做，這麼做會讓你開心，那就這麼辦吧！」

　　別以為這只是美國總統川普的外交談判辭令，或是書裡所寫老生常談的話術。只要你願意，每一句都是金玉良言，可以用在任何對你有幫助的場合，無論工作或是生活，背幾句試試吧！「有背是努力，能用是智慧，Timimg（使用時機）很重要！」願我們都兼具努力和智慧，在每個談判場合中無往不利，越談得越多！

七、上談判桌的「出牌與攻防」

談判案例

陸劇《羋月傳》：

秦國談判代表張儀及義渠王──陪嫁公主的人質救贖談判

　　陸劇《羋月傳》中有一段極為精彩的人質贖回談判。話說楚國長公主出嫁到秦國，途中遇到以義渠王為首的綁匪集團，將陪嫁的楚國公主羋月（秦國新皇后的妹妹）和大批珠寶及絲綢錦緞嫁妝半路攔截，做為與大秦國談判交易糧食的籌碼。秦惠文王派出著名的縱橫家張儀和心腹大臣庸芮為談判代表，設法贖回人質羋月公主。

　　義渠王：「為了表示我們的誠意，我們劫的東西可以還給你們，但是我兒郎們不能白跑，辛苦錢總是要給的！」（軟中帶硬，先出牌的談判開場）

　　「別誤會喔，我不要珠寶，我只要糧食！」（破題開場，開宗明義直接告訴對方，這次談判我要什麼）

　　「本來我打算把那些珠寶和絲綢錦緞，送到趙國邯鄲去換一些糧食！」（一開始就表明自己是有退路的，姿態很高）

　　庸芮：「糧食可不容易辦呀！要糧食需要大王恩准！」（黑臉

出來擋）

張儀（手勢制止庸芮）：「那得看義渠王拿出什麼像樣的東西來，能讓大王恩准給你糧食？」（談判就是一種交換，我給你這個，你拿什麼還我）

義渠王：「如果秦人真心與我交好，我可以答應你們十年之內，我們義渠絕不再與秦國為敵！」（創造談判的籌碼，「不再與之為敵」的前提是：現在處於敵對狀態）

張儀：「就這一句？」（表示懷疑對方的誠意）

義渠王：「你還想怎樣？我義渠人說話算話，絕不反悔！」（談判的誠信和口碑很重要）

張儀：「善！那皇后的妹妹（羋月）呢？」（這次談判的主角）

義渠王：「那個別想啊！我要自己留著做王妃！」（義渠王顯然不是裝傻，到現在還搞不清楚談判對手來此做什麼？這次的談判風險很大）

庸芮：「這就是義渠王的不對了！我們專程為她而來，你這樣做太不夠朋友！」（為怕談判破局，救援任務失敗。此時還是得以朋友身分自居，含蓄地扮黑臉，表明來此談判，主要就是為了帶回楚國陪嫁的羋月公主）

張儀：「算了算了！我張儀初擔大任，沒想到連皇后交代的這點小事都沒辦成，真是慚愧啊！算了，既然你們執意要將楚國的公主留下，那我們方才的交易就一拍兩散，我這就回去，您就只當我沒來過！」（談判的攻防與破局）

「至於今年義渠百姓過不了春天，又或是令王叔求我們秦王幫他奪回王位，這一切跟我張儀都無關！」（明白地警告對方，這次談判破局的損失很大，不僅人民沒飯吃，連義渠王的大位都岌岌可危）

只見義渠的國師老巫，和義渠王交頭接耳地進行內部談判，義渠王堅持要留下芈月當王妃，老巫則表現出「孺子不可教也」的無奈。張儀也作勢談判破局，準備離場的樣子，此舉更激化義渠「內部談判」的強度！

此時，義渠王忽然人喊：「三千車，換那個女人！」（談判再次展開進攻）

只見張儀氣定神閒，緩緩地回應：「五百車已是極限！」（談判確定穩定防守）

「沒有一千車，本王不換！」順著張儀的回價，義渠王語氣堅定地直接讓步了兩千車。

「漫天要價，就地還錢，如果大王不想換，根本連這個價都不會出！」張儀理直氣壯地回應。

「八百車不能再少了！」

「六百車不能再多！」（宛如菜市場買賣殺價的談判攻防戰）

義渠王怒斥：「豈有此理，六百車都不夠我們熬到初夏呢！」（用目前的困境來試著鎖住自身立場）

「怎麼熬不到呢？六百車糧食，再宰殺一些牛羊，不就熬到了嗎？」張儀不僅回嗆義渠王，並提供他解決之道。（清楚了解談

判對手目前的處境與困境）

「宰殺牛羊？那我們明年吃什麼？」義渠王大聲回問張儀。

張儀將心比心地回答：「義渠王與其把精力放在明年的牛羊上，不如把精力放在眼前義渠部族男女老幼已經餓空了的肚子上。」（處處站在對方立場，展現高度的談判同理心）

義渠王實在說不過張儀，惱羞成怒當場起身拔劍要殺人：「我殺了你！」

義渠眾將同時站起來拔劍。

張儀毫無懼色地提醒談判對手：「殺了我，義渠今年至少得死一半人！」（談判破局的代價，你恐怕承受不住）

義渠王：「你以為我們只能跟你們秦國人做交易嗎？」（再次提醒對手：我有談判的退路）

張儀和庸芮立刻也起身回擊（對方站著，我也起立，不被對方牽著走）：「我什麼都沒以為！我只是想提醒義渠王，這是眼前成本最低、最划算的生意。」（告訴對手，談判成局的成本很小但利益很大）

張儀趁勝追擊地說：「如果你跟趙人合作，賣掉你那些搶來的東西，且不說路途遙遠，光糧食在路上就要耗掉一半。」

「更何況秦楚聯姻，天下皆知，你搶來的那些東西，在書簡上都有清單，我看誰敢冒著得罪秦楚兩國的危險，收購你那些贓物，那可都是秦皇后的嫁妝啊！」（張儀以其精準內斂的文字，同理的心態，不卑不亢，抑揚頓挫，娓娓道來，誘之以利、動之

以情、驅之以力，無所不能，果真是辯才無礙的縱橫家，神人級的首席談判代表）

義渠王回頭看老巫，得到肯定的訊息後，便說：「好，六百車就六百車！」（抓大放小，見好就收）

張儀見義渠王立場鬆動，馬上拉著庸芮說：「大王英明！」（談判下桌時要拿到承諾，好回去跟老闆交差）

這是一個典型成功的雙贏談判。張儀只花六百車就達成談判目的，帶回楚國公主芈月。而義渠王兵不血刃地得到了六百車糧食，這場擄人勒索的無本生意，獲得了回報（辛苦錢），也算是贏家。

「張儀和義渠王人質贖回談判」教我們的十件事：

1. **交換**：用六百車換回楚國公主芈月的人質贖回談判。

2. **承諾**：機不可失！為防對方反悔，張儀趕緊喊「大王英明」，取得承諾，完成使命。

3. **說服**：縱橫家的談判說服力，論理清晰，以守為攻，攻守俱佳，值得學習。

4. **底線**：注意！張儀的底線可不是六百車，而是「芈月平安活著回來」。

5. **資訊**：張儀知道義渠王是趕走王叔才登上王位，而且並未殺害王叔，因此用王叔復辟來恐嚇對方。王叔是否活著或是否會來找秦王幫忙並不重要，只要義渠王相信並害怕這

有可能發生就好。

6. **內部**：義渠王跟老巫的內部談判。

7. **實力**：秦楚大、義渠小，談判是議題權力，手上有重要人質的說話。

8. **同理**：張儀深入了解義渠人的現況，高度展現同理心。

9. **讓步**：義渠王從一開始的三千車降到最後的六百車，共讓了兩千四百車；張儀從原來的五百車增加到六百車，也讓了一百車，讓再少也是讓，「石頭一塊，很難談判」。雙方讓步差額是兩千三百車，讓步是誠意，讓多少是本事！

也許秦王的命令是不惜代價，一定要把羋月平安帶回來，這不是錢的問題，是面子，更是情感。但張儀只用了六百車就圓滿達成任務，難怪回秦國後，封侯拜相、錦衣玉食，不在話下。

10. **雙贏**：最終秦國談判代表張儀不費一兵一卒，帶著健康的羋月全身而退，順利完成秦王交代的人質談判任務，建功領賞；而義渠王拿到六百車的「辛苦錢」，也算是對弟兄和族人們有個交代，餵飽大家的肚子，建立領導的威望。

談判就是：利益交換，各取所需；創造價值，尋求雙贏！

結論：談判真的很重要！

談判的出牌

無論談判的開場是開高或開低，硬出牌還是軟出牌，都只是一種主觀上的認定！

要不要先開價，先提案？我們常說，開高得高，開低得低，先講先贏，操縱對方的期待！例如臺北市大安區的預售屋每每一推出，就先標明每坪至少 200 萬以上的行情，（建立談判價格的心錨，把價格框架住，我說了算！如同 LV 包包或雙 B 名車的價格，就是一種品牌價值的錨，定在那不動。）明確告訴有興趣的買家，沒有這樣的財力，非誠勿擾！

當然，買方也可以出個價，投石問路，推推看，看他擋不擋？從對方的反應或讓步方式，去推測其底線，並據此調整我方期待，修正我方要求。

談判姿態高，硬出牌：先聲奪人，展現自信；

談判姿態低，軟出牌：誘敵深入，展現誠意；

談判姿態持平，理性的出牌：依照可靠較公平的談判標準，有所本，好好談，展現公平。

談判的攻防

如何應付對方的要求？

第一種反應是：不反應（裝死或裝傻！）

第二種反應是：拒絕（No!）

第三種反應是：說 If（如果、假設、要是），提出對案

第四種反應是：答應（Yes!）

如果預知對方會強硬出牌，我們也可以先發制人。先昭告：「如果他怎樣的話，我們將會怎麼做！」（互動式）或是「不管你如何，我都如何！」（重複式）

如果他凶，我就軟；如果他軟，我就凶。（人性大多是欺善怕惡的！）

如果他凶，我就凶；如果他軟，我就軟。（以牙還牙，以眼還眼，教育意義，賞罰分明）

勢均力敵的時候，提出還價，有時候各說各話平行線，這是有時間但沒有交集的談判。無論如何，最好給彼此留個迴旋空間，多些彈性，來日好相見！

八、下談判桌的「讓步與收尾」

談判讓步的三個基本原則：

1. 幅度遞減：

- 8→5→3→2（○），越讓越少，表示讓到底線，不能再讓了。
- 2→3→5→8（Ｘ），越讓越多，表示你一定很急，你急我就不急。

2. 次數要少（3 至 5 次為宜）：

- 30 萬分成 3 次讓（○），讓得謹慎、合理，有次序！
- 30 萬分成 10 次讓（Ｘ），讓步跟下蛋一樣，一定還可以再殺價！

3. 速度要慢：

讓步的速度太快，對方會認為你很急，有讓步的本錢。我方讓步次數多，對方的期待會升高；我方讓步速度慢，對方的期待會降低。

如果談判僵持太久，對方對談判喪失信心的話，記得適時讓一點，保持談判的動力。不能讓對方感到絕望，永遠要讓對方對談判結果感到充滿希望！就像在雪山隧道開車一樣，在黑暗中要想辦法讓對方看到隧道另一頭的光亮。人類因夢想而偉大！

　　談判的收尾，可用「期限壓力」逼對方做出決定，態度要合理且認真。根據談判學者的研究發現，80％的讓步，是在最後20％的時間出現的，所以我們要用期限去逼出這80％。期限是否可以延長？就要看你用什麼來跟我換？至於談判收尾時，要不要或能不能提出一個「不算太大的要求」來「貪小便宜」（回馬槍）？或是，我們要不要接受，或勉為其難地接受對方在談判收尾時的「貪小便宜」（Ａ好康）呢？

　　常見到房子買賣雙方已經談好價錢，要簽約之際，這時買方忽然跟賣方說：「鄭先生，很高興有緣買到你的房子。這樣好了，我看客廳的家具你應該用不到吧？不如就留給我算了，你說好嗎？」

　　這時鄭先生應該要如何反應或回應呢？如果本來就不想要的話，剛好做個順水人情送給買方。但如果這套家具是義大利進口的，或是祖傳留下來有特殊意義的呢？有些買賣就因為最後的「貪小便宜」談不攏、談不好，終告破局，徒留遺憾。

　　談判收尾時遇到對方的回馬槍，想要Ａ好康的話，先平心靜氣地好好想想，若是「這次談判所得」足以彌補「今日或今後可能所失」，和氣生財，也許就讓給對方吧！

　　但若覺得這次談判前面已經讓很多，很吃虧了，此時對方想再「貪小便宜」，實在是「吃人夠夠」，是可忍，孰不可忍，立刻翻桌，但不一定要馬上走人。讓對方看到你的怒氣，要知道做人不能太超過，趕緊打消這個念頭，生意也許還有得做，這也是

一種談判的攻防喔！

　　收尾時小讓一步，讓對方回得了家。出其不意，突然讓一個大的給對方，可以加快協議的產生，讓雙方盡快回家。問問自己，你要「廣結善緣」還是要「堅守原則」？人生常常沒有對錯，只是一種選擇罷了！

談判的讓步與收尾

　　清朝康熙大學士張英（清朝名臣張廷玉的父親）的家人重修府邸時，因院牆與鄰居吳氏發生爭執，所以寫信給當時在北京朝廷當大官的張英，要求他利用權勢影響力疏通關係，讓當地官府幫其家人撐腰，好贏得這場官司。張英閱讀完信件後，提筆回信並附詩一首，一笑置之。

　　千里修書只為牆，讓他三尺又何妨；
　　長城萬里今猶在，不見當年秦始皇。

　　這首詩的語譯是：為了修老家的這座牆，你從千里之外的安徽桐城市寫這封信給我，其實就算我們把外牆往後推，讓鄰居三尺又有什麼關係呢？你看看萬里長城現在依舊豎立著，而當年下令建造它的秦始皇早已不在這世間。

　　張英提醒家人，人生在世有如滄海一粟，修牆這件事可以禮

讓鄰居，不需要計較這麼多。家人收到信之後，不僅不與鄰居爭地基了，當下更決定把院牆向後退讓三尺，其鄰居知道後，也向後退讓三尺。兩家之間便空出六尺，也就有了後來的「六尺巷」美談，六尺巷因而得其盛名。

後來康熙帝知道了這件事，立題有「禮讓」二字的牌坊，以彰謙讓之德，這個化干戈為玉帛的故事流傳至今。

談判前後的八問六想

每次談判前，問問自己：

1. 你要什麼？

2. 你憑什麼？

3. 你會跟誰談判？他們目的是什麼？他們談判的實力如何？

4. 你對於對方有什麼期待？

5. 你打算說什麼？

6. 你要如何回應對方說的話？

7. 你願意而且能夠做出哪些讓步？

8. 如果談判陷入僵局，你將說什麼？

每次談判後，立刻檢討：

1. 目標達成了嗎？如果沒有，為什麼？

2. 什麼地方談得好？什麼地方談不好？

3. 如何再來一次，我怎麼做會更好？

4. 想想今天談判對手的樣貌和表現為何？

5. 有沒有把談判的重點記錄下來？

6. 應該如何排定下次會議的進度和時間？

第三篇

談判的五大元素

一、「人」的談判元素

二、「事」的談判元素

三、「時」的談判元素

四、「地」的談判元素

五、「物」的談判元素

一、「人」的談判元素

 性格

一位老太太因為先生沒有順利申請到保險理賠，為表達不滿，竟推著老先生的輪椅到保險公司的服務中心，大喊：「既然你們不理賠，那他就留給你們照顧吧！」話說完人就跑離現場，留下輪椅上茫然的老先生，和當場呆掉的客服經辦人員。服務中心資深主管林主任見狀，二話不說馬上叫人打電話報警，十分鐘後，老先生連同他的輪椅一起被推往警察局。

親愛的讀者，換成你是林主任，也會如此果斷報警處理嗎？還是派人去把老太太追回來再好好談談，曉以大義一番呢？這不一定有標準答案，但如果這位老太太事先有做好功課，就會知道在這家保險公司服務已滿 32 年的林主任，向來是一個剛正不阿、嫉惡如仇、說到做到且深受同仁愛戴的主管。

若是把老先生推到其他服務中心，也許還有機會談談，但推到林主任的地盤，就只能去警察局把老先生領回！

你的個性是「得饒人處且饒人」，而我一向是「得理不讓人」。請問同一件事，分別派你我去談，結果會一樣嗎？檢視下列五個特質，你具備幾種？嚴重程度如何？

1. 容易生氣發火；

2. 輕易退縮妥協；

3. 充滿自信，從不讓步；

4. 無法清楚表達自己的意見和想法；

5. 喜歡發表意見，自己說不停，不讓對方說。

人不會完美，但我們可以調整，讓自己更好！

專家說談判高手要保持一張撲克臉（Poker Face），這包括：

1. 避免緊張和焦慮；

2. 要盡力控制怒氣；

3. 調適失望和悔恨；

4. 壓抑興奮與快樂。

簡單地說，談判要能做到「泰山崩於前而色不變」「喜怒不形於色」的境界，就成功了一半。

談判案例

石從天降，驚天一砸：
「大安區颱風天外牆大理石砸車事件：超額理賠談判」

幾年前有個中颱泰利，直撲臺北而來，造成北部地區很大的財損。我的好友 Daniel 在颱風來襲之前，把車子停在臺北市大安區某棟大樓旁的停車格上。當颱風遠離，他要去開車時，才發現大樓外牆的大理石磚被狂風吹落，不偏不倚地把他的車子砸個稀

巴爛，還好人不在車上，否則產、壽險要一起理賠。

Daniel 這部車子是才剛買一年多的 VOLVO 二手車，性能良好，也花過一筆費用好好整理車況，當初的二手價是 12 萬元，加上整修費，也差不多要 16 萬元。

親愛的讀者，問題來了：

1. 這車子被颱風吹下的大理石砸爛，要找誰算帳？臺北市長？對不起，這跟他無關！冤有頭，債有主，理賠談判對象應該是大安區這棟大樓的所有權人，或是以管委會為代理人。

2. 換成是你，要賠多少你才能接受呢？我問過很多學員，大家腦中的數字都不大一樣。有人說：不多不少，賠 16 萬就好；有人覺得：誰叫你哪裡不好停車，非要停在那裡，這結果是天災造成的，不是大樓住戶可以控制的，不如各負擔一半責任，賠 8 萬結案。

我去臺北市仁愛國小家長成長班演講時，有一位坐在最後面的年輕媽媽舉手說：「應該要賠 25 萬元！」大家都回頭看她，我也很好奇地請教她是哪個道上的，為何一口氣就要 25 萬？她回答說：「如果我是車主，看到愛車這樣，心裡一定很受傷，需要一些精神慰撫金！」現場鴉雀無聲，沉默了 5 秒鐘⋯⋯

究竟賠多少，每個人心中有自己的一把尺，重點是：跟談判對手心中的那把尺，不能差太大，否則，就要以「談判」定高下。

喔！對了，差點忘了把大樓管委會主委留在車上的紙條告訴大家：「因颱風刮落磚牆，砸壞您的愛車，十分抱歉。有關賠償問題，本大樓將全權負責！」

親愛的讀者，換成是你，看了這張紙條，你心中的數字是往上增加，還是會自動降價呢？問了很多人，大多數的學員都選擇往上加碼，理由很簡單：「因為對方的心腸軟、姿態低，不加價實在對不起自己！」也有例外要主動降價的，理由是：「既然對方這麼有誠意，我也應該要有所回應！」

換個角度想，若車上留的字條寫著：「限你今天之內把車移走，否則後果自行負責！天道盟龍虎堂堂主親筆」你是不是就會乖乖地盡速把車移開，而且不再求償呢？無關對錯，只是人性！

Daniel 最後跟對方要求的賠償金額是 20 萬元，讓對方有砍價的空間，就算砍一半，也還有 10 萬元。根據大樓住戶開會討論的結果，只願意負擔 10 萬元的賠償，但由於管委會主委自覺愧疚，便自掏腰包加碼 6 萬元，共 16 萬元賠給 Daniel，談判協商成立。

當我正要恭喜他很幸運遇到「有錢的好人」時，Daniel 補充說明：「我把這車拿去報廢，政府又補償我 1 萬元。」我沒什麼好說的，只讓他請了那一頓午餐就算了。

各位讀者，這位管委會主委是位難得遇見善心、有錢的好人，但這種人只能巧遇，不能強求。性格決定你是誰，也決定你在談判中的取捨和得失！

●●● 能力

「談判能力」包括傾聽力、同理力、親和力、觀察力、溝通力、說服力、情蒐力、邏輯思考力、策略規畫力及局勢掌控力。

談判案例

韓片《極智對決》：女性談判專家的魅力！

《極智對決》（Negotiation）是韓國首部以協商、談判為主題的犯罪娛樂片，敘述一樁發生在泰國的人質挾持案件，在片中談判專家河彩允（孫藝真飾）必須在綁架犯閔泰久（炫彬飾）要求的時間內，憑藉協商談判技巧救出人質。

電影一開始，休假準備辭職的談判專家河彩允緊急被警局召回，負責與綁匪進行談判。由於視訊電話中的對談，綁匪閔泰久在電話中詢問河彩允的三圍，態度非常輕佻不尊重，河彩允馬上掛斷電話，切斷與綁匪的溝通管道，並指示警方不要馬上接電話，否則將被對方牽著鼻子走，予取予求。（局勢掌控力）

但是，當她看到談判組的長官鄭組長成為人質出現在視訊電話上，而綁匪在螢幕上拿著手槍玩俄羅斯轉盤的遊戲，鄭組長的生命陷入千鈞一髮之際（觀察力），馬上表示要跟綁匪聊聊，不僅放下身段表達歉意，更主動告知三圍數字，並強調如果之後有約會的話，會先減重一週，以表誠意。（展現親和感及能屈能伸的

溝通能力,談判的變通與彈性!)

綁匪要求談判專家能夠相互無絲毫隱瞞、坦誠相待,河彩允的回覆是:「若想坦誠相待,請先把手上那把槍收起來!基於這樣的險惡環境下,恐怕不好坦誠相談吧?」(談判的同理與傾聽)

綁架犯閔泰久:「如果不能談的話,莫非要放棄鄭組長?」

談判專家河彩允回覆說:「請給我機會,好讓我們不選擇放棄!」(談判說服力)

在她的堅持下,閔泰久叫手下把槍拿走,以便展開談判。初試啼聲,河彩允展現了女性談判專家的能力與魅力。(局勢掌控力)

關係

常聽人說:「有關係就沒關係,沒關係就有關係。」問問自己,談判時你希望跟對方認識還是不認識?熟還是不熟?關係好還是關係不好呢?答案見仁見智,真不好說。

就像公司內部談判一樣,面對跨部門的同事,就算你有蓋世的九陽神功,也頂多只能用到第三重,再上去殺傷力太大,最好別輕易使用,因為大家離開談判桌還是同事,還要見面,甚至一起吃午餐,有時談判的力道就不易展現。要是你在跨部門談判時不講關係、不顧情面,不僅使出絕招,而且還是必殺絕招,縱使這場談判贏了,日後見面也難了,後果請自行負責。

談判案例

銀行理專 vs.85 歲的張阿姨：

「基金不認賠的高齡客戶談判事件！」

張阿姨是銀行的資深定存客戶，雖然滿頭白髮、年事已高，但講起話來鏗鏘有力、聲音宏亮，不認識她的人，完全看不出來她今年已經高齡 85 歲了。然而，電腦上的個人資料是騙不了人的。

根據主管機關規定，基於保障投資理財環境中的弱勢族群，凡是年齡 70 歲以上、教育程度為國中畢業以下，或有全民健康保險重大傷病證明，銀行業者不宜主動介紹屬高風險之基金產品。且於受理開戶時，銀行應確實審慎評估客戶之投資知識、投資經驗、財務狀況及其承受風險程度，政府尤其希望銀髮族的投資理財保守為宜。

擔任外商分行經理的 Ruby 已三申五令地宣導過：「銀髮族理財，首重保守與穩健，高齡投資人不宜買基金，理專們切勿因小失大。」Sam 身為張阿姨的專屬理專，禁不起老人家一再表示想買基金賺點零用花，或是幫孫子存點學費的積極理財企圖心，還是協助她買了一檔海外基金。

結果運氣超好，一買就跌，跌到第三天，張阿姨說話了：「其實我本來並不想買這筆基金的，都怪你們理專 Sam 一直跟我說這檔基金很安全，穩賺不賠。我看他年輕熱情又專業，想做個業績給他，結果賠這麼慘！我不管那麼多，反正你們銀行要負全

責，把我買基金賠的錢全都還給我。我這麼老了，要是你們不賠錢，我就去金管會申訴你們！」

Sam 聽了只有三聲無奈，非常懊惱自己沒聽經理的話，不遵守銀行規定，硬是賣基金給張阿姨，現在悔不當初。但問題不是後悔就可以解決的，身為主管的 Ruby 難辭其咎，只好挺身而出，邀請張阿姨來經理室坐坐，「喝咖啡，聊是非」。

而這一坐就坐了近一個月，不只喝咖啡，聊是非，從張阿姨小學一年級開始聊起；甚至還要陪阿姨唱歌，年代追溯到帽子歌后鳳飛飛和寶島歌王洪一峰。Ruby 說，當時想不出其他辦法，只有分散阿姨注意力，增加自己對阿姨的親和力，才能拖延阿姨去金管會申訴的時間，以拖待變，等待這檔基金反彈回升。

機會是給準備好的人，經過三個多星期的某一天，Ruby 發現基金的淨值已經回復到接近張阿姨購買的成本價，在跟區主管討論之後，決定跟張阿姨攤牌談判，要求她今天就贖回基金，若仍有損失，則由分行來支付差價，保證不讓客戶虧一毛錢。但若阿姨今天不做贖回的動作，則要求她簽切結聲明：「之後無論虧損，都由張阿姨個人全權負責！」

一方面這些日子以來，分行經理 Ruby 早已成為張阿姨的好朋友或是歌友，有一定的信任感；再者，如果現在贖回，無論如何阿姨都能安心地完全把投資基金的本金拿回來，這就是她的抗爭目的，既然達成了，何樂而不為？於是張阿姨便答應當天做贖回的動作，毫無損失地拿回基金投資本金；而銀行不僅沒有賠償到

張阿姨的投資損失，主管 Ruby 和理專 Sam 也不用再承受隨時會被客戶申訴的精神壓力與折磨。

至於金管會，從來就不知道這件事，政府長官們就不用花心思和力氣在這個 case 上。這不只是雙贏，而且是多贏局面。

Ruby 用「拖字訣」來處理本案，就談判而言，她放下身段，放低姿態，拖延客戶向主管機關申訴的時間，等待基金回本的那天。讓人不僅十分佩服其談判身段柔軟，也替其捏了一把冷汗。要是基金無量下跌，又該如何處理呢？還好結局皆大歡喜，大家都全身而退，尤其是 Ruby，不僅談判功力大增，歌藝也精進不少，是本談判案例中最大的贏家！

陣營

談判是個局，不只一對一、面對面上桌談判。從縱向來看，我們背後通常都有一個部門、一家公司、一個集團，好幾層級的長官和老闆，譬如兩岸談判代表的背後，都可看到蔡英文總統和習近平總書記的指導身影；從橫向來看，我們有隊友、盟友或戰友，對手也是如此。

在英國脫歐談判中，我們看到由首相梅伊（Theresa May），率領內閣大臣所組成的英國隊，在談判桌上遭遇由德國總理梅克爾（Merkel）及法國總統馬克宏（Macron）所帶領的歐盟聯軍，

兩大陣營唇槍舌戰，刀光劍影，在談判桌上廝殺。

　　回顧二次大戰英國首相邱吉爾所遭遇的內部談判，是由他一人面對所有執政黨同志組成的「主和談判陣營」，在「是否接受對德國希特勒的和平談判」議題上做攻防；對外則是英國對上當時的軸心國（以德國、日本、義大利三個國家為中心的陣營）所欲進行的「停戰和平談判」。

　　廣義解釋，陣營還包括了新聞媒體、次級團體、利益團體和廣大社會民眾，在這個萬物皆聯網的時代，上談判桌要特別注意小心，也許全世界都在看！

談判案例

東京租屋烏龍事件：「買賣雙方都不買單的談判」

　　日本租屋雙方的合約上，未註明某一筆款項應由誰付，商用不動產仲介也疏於提醒，以至於各說各話，沒人要負責這筆 50 萬日元的款項，形成一個僵局！

　　商用不動產公司的董事長 Kelly 跟我說，她公司業務同仁搞出這個烏龍費用事件，無法善了，只好由她親自出馬。她的做法是：先找到承租方誠懇致歉，表明這筆費用當初仲介業務員沒講清楚，得要雙方各分攤一半的成本。

　　再跟出租方聯繫，說明這筆未解釋清楚的費用，按照日本買賣習慣，原則上是要由出租方全額支付，不過我們願意去跟承租方

溝通,看能否多少也負擔一些,但無法保證一定可行。

最後承租方付了一半,出租方也只要付一半,雙方都能接受,尤其是出租方有種賺到的感覺。房屋仲介公司分文未付,即處理好這筆烏龍費用的問題,令人佩服!

重點是,由商用不動產公司董事長 Kelly 親自出馬跟雙方溝通協商,依照過去合作十年的良好關係及信任度,雙方都願意接受 Kelly 的善意建議,順利完成這次成功的「烏龍款項談判事件」。

二、「事」的談判元素

議題

上談判桌前問問自己：我這次談判的重點是什麼？有幾個主題或事件要談？有哪些問題需要解決？

舉例說明：

英國脫歐談判的主要議題包括：英國脫歐分手費、歐盟公民在英國的權益、愛爾蘭邊界問題、脫歐之後英國與歐盟的關係等。而中美貿易的談判議題包括：中美貿易逆差、遏制中國崛起、人民幣匯率升值、降低關稅、中國強制技術轉讓、中國製造2025、中國國企改革、中國過剩產能輸往海外、中國網路與雲端技術管制、中國對中美服務貿易的態度等。

談判案例

礁溪五星級酒店：「柳暗花明又一村的房價優惠談判」

2017 年底，我應管顧公司邀請去宜蘭礁溪，幫神腦國際的績優門店人員及主管們上課。主辦單位不愧是大陸知名手機品牌商，出資獎勵神腦績優夥伴所辦的課程活動，住宿及上課地點就

選在該年 11 月 3 日才剛開幕的五星級酒店──礁溪寒沐酒店。

課程時間是週六早上 10 點至 12 點，原本想一大早開車直奔礁溪，但無巧不巧，突然接到南澳鄉長的電話，邀請我再次去跟南澳鄉公所的夥伴們分享課程，而時間就恰好訂在礁溪上課前一天（週五）的下午時段，跟前面提到花蓮的課程一樣，變成連續兩天的課，只是第一天是在南澳鄉公所，第二天則是在礁溪寒沐酒店。

計畫趕不上變化！通常情況有所改變，計畫就會有所不同。難得去新開幕五星級的寒沐酒店上課，讓我動了順便帶太太和兒子去住一晚的念頭，打算在南澳鄉公所講到四點半就驅車前往礁溪。第二天享用完豐盛的自助早餐後，他們母子去寒沐的「樂未央兒童遊戲區」，我可輕鬆去講十點的課。既不用一大早開車趕路，也順便讓家人享受五星級全新酒店的房間、設施與樂趣，難得工作與家庭兼顧，不亦快哉！

最後只有一個問題，寒沐酒店是礁溪全新開幕的五星級飯店，住一晚的價格是 12,850 元，跟這趟上課的講師費差距不大。為了爭取較優惠的價格住進寒沐酒店，我在紙上列舉了四個理由：

1. 好友們建議我：「最近來礁溪的話，有機會一定要住全新開幕的寒沐酒店！」

2. 住寒沐酒店有助於我第二天早上神腦國際的課程準備與進行，輕鬆且方便。

3. 難得講課又可以順便帶家人來寒沐酒店遊憩，心之嚮往。

4. 寒舍餐旅集團的形象與口碑，是五星級飯店中的佼佼者，寒
   沐酒店想必也不同凡響。

但無論打去礁溪問個人訂房價，或是打去臺北問團體住宿價，
表明我是來幫神腦國際授課的講師，訴說以上四點理由……電話
中訂房服務人員回應的聲調、語氣、內容和結果都一樣：「現在
預訂，我們頂多給您早鳥優惠價一晚 9,753 元。很高興為您服務，
謝謝您的來電。」

雖然這樣有節省到 3,097 元，但我仍不滿意！因為我有上次花
蓮五星級飯店住宿談判的經驗及心錨。其實我很清楚花蓮和礁溪
飯店的地點不同，價格會有落差；新舊飯店與人潮多寡等因素亦
要考慮進去，所以一開始心中理想的數字，是只要能談到一晚
8,000 元我就願意買單！

但在連續碰了兩個軟釘子之後，掛掉電話我問自己，有必要花
時間和精力去爭取這 1,753 元的差價嗎？對我而言值得嗎？當時
的領悟和覺知是：通常人們殺價談價，不一定是沒錢，而是一種
感覺，這也是一種貪小便宜、得寸進尺的談判心理。

念頭一轉，只好跟自己說，就算價錢沒得談，能帶家人體驗一
晚全新的五星級飯店也滿值得的，早鳥價就早鳥價吧，有總比沒
有好！

正當要放棄談判議價時，我忽然想到另一個談判議題：「對了！
也許可以麻煩主辦單位負責訂房的同仁幫我訂一間房，價格應該
會比較優惠，反正我自己會買單，不會太麻煩對方。」於是我請

管顧公司的人幫我跟對方提出「代訂一間團體房」的請求。若沒有多餘的團體房，就訂早鳥房吧！

心裡這樣想，感覺也比較踏實。沒想到過了一星期，主辦單位的回覆竟然是：「我們預算還夠，可以直接提供一個房間，讓鄭老師不用在週六一大早從臺北奔波趕來礁溪上課，畢竟萬一塞車遲到，對大家都不好，同時也歡迎老師順便提前一晚帶家人先來享受一下寒沐酒店的精緻與低調奢華風！」

當下我內心的想法是：「還好，之前沒談成 8,000 元的優惠房價，不然我們怎能體驗這意外的驚喜呢！」

這例子告訴我們，有談總比沒談好，談判得失別看太重，盡力就好！有些時候就算一開始不能盡如人意，但「塞翁失馬，焉知非福」？

選項

每個談判的議題，大多涵蓋了不同的選項：Option A、Option B、Option C……而每個選項又蘊含了不同的戰術與戰略。該怎麼做、怎麼選，如何取捨才能讓雙方願意簽字，下得了談判桌，有一條回家的路，對雙方陣營或老闆交代？

陸劇《談判官》：併購談判的困境

美商耶普和中國快閃（網路預約出租車公司）是專車市場的兩大叫車軟體龍頭，原本要在紐約談合併，但快閃的老闆陳總臨時喊卡，拒絕繼續談判。代表美商耶普的律師，只好請到國際商業談判機構的談判官童小姐來協助進行談判。

童小姐先播放了一段錄音給陳總聽，內容是她錄下與出租車司機的對話，在惡性競爭下，為了多賺些錢，雖然童小姐用的是快閃系統叫車，但司機要求她也在耶普叫車系統下單，這趟車資會算她便宜點，如此一來，司機便可以同時拿到兩家公司的補貼（司機與乘客的談判——利益交換，各取所需）。道高一尺魔高一丈，兩強競爭下，便宜了腦筋動得快、會鑽規則漏洞的司機。而陳總後悔跟耶普合併的原因是，若兩強合併之後，只剩耶普一家獨大，對市場並不是件好事。

童小姐解釋：「我是來幫您的，也是來幫助我自己。若是兩家長期鬥下去，只會兩敗俱傷！到時專車市場不復存在，不是難為了我們這些叫車的人嗎？我相信這樣的結果，也不是您想看到的。我想您做得這麼辛苦，肯定不是為了錢，對吧？」（溫情喊話，動之以情的談判說服力）

「一家獨大是不好，但兩敗俱傷也不是您想看到的，對吧？」（談判的選項）

「其實合併以後，您還是有很多事情可以做的！我只是希望您能給自己一個機會，也給我們這些用戶一個機會，您覺得呢？」（創造價值，尋求雙贏）

最終陳總被童小姐說服，決定還是與耶普簽約，完成此次的合併談判。

利益

我為何來談判？我要得到的利益是什麼？

他來談判的目的又是什麼？他的利益包括哪些？

《孫子兵法》中提到：「合於利而動，不合於利而止。」

有利益才上桌談，不符合雙方利益，則沒什麼好談的，即談判中止或破局。

談判案例

日片《交涉人》：女性談判專家的魅力

日本電影《交涉人》一開場就是劍拔弩張、緊張萬分的警匪對峙場景，在警方重兵團團圍住之下，一名綁匪用手槍抵住人質的腦袋，喝斥警方不顧人質的安危，30 分鐘過去卻未能滿足綁匪的需求。千鈞一髮之際，只聽見一陣輕脆的高跟鞋聲由遠而近，一位女性交涉人（談判專家）冷靜沉穩地出場，首先表明自己的

身分及姓名，一開口就帶著笑容，指著自己的頭對綁匪說：「頭部受傷了啦？沒事吧？」（談判，要能展現親和感與同理心）

但當該歹徒口出惡言並不領情時，她馬上改變策略，直接跟綁匪首腦聯繫。（談判要找到 keyman）

當電話接通，她直接表示歉意：「對於遲延回覆這件事，我很抱歉！我們在努力準備，但是一下子要調來一輛可以乘載 50 人的車子比較困難；如果要 20 人的車子，馬上就可以調來喔！」

綁匪首腦回答：「是嗎？」

女性談判專家馬上補一句：「另外，請釋放不能上車的 30 位人質，如何？」（談判就是交換）

有看過好萊塢電影中，歹徒攻進美國白宮劫持人質的讀者，一定對這樣的情節不陌生：當恐怖分子要求美國政府在一小時內，提供一部加滿油的直升機停在白宮草坪上時，FBI（美國聯邦調查局）反恐小組的談判專家會如何回應？通常是這樣說的：「一個小時太趕了，實在來不及，請給我三個小時，我盡力提供，好嗎？」或是：「加滿油的直升機沒法馬上調過來，我盡力提供一部加滿油的廂型車給你，好嗎？」

親愛的讀者，換成是你，你可以接受 FBI 的請求嗎？我問過很多學員，大部分表示也許可以接受或考慮看看。但如果 FBI 這樣說：「加滿油的直升機沒法馬上調過來，這樣好了，我可以馬上提供 10 臺 Ubike 給你，這是我們最大的誠意了，如何？」

不囉嗦，很快就會聽到槍聲，也許國防部長就被丟出來，做為 FBI「缺乏談判誠意」的代價！

這就是談判，「交換不對等利益或價值」的東西，對方也許不盡滿意，但你得拿出誠意，讓他相信這對他有利，至少要讓對方願意勉強試著接受才行。

順序

在所有談判議題當中，要仔細思考，我的優先順序是什麼？

什麼是我沒拿到絕不會簽字的東西？也就是我的「must」。

什麼是我很想要，但是勉強可以跟對方換的？這是我的「want」。

一開始就設定可以給對方，以展現誠意和親和力的東西，是我的「give」。

就像買房子一樣，你的「購屋需求」是什麼？通常買方會希望光線充足、方正格局、視野良好、通風透氣、生活機能、交通便利、增值空間、價格合理，最好還要是明星學區，但有時到最後發現八字不合，就立刻放棄。所以八字風水，常常是買方的 must，「八字不合」絕不簽字！

談判的議題、需求或利益有很多，並不是水平躺在地上的，而是要讓它們有輕重緩急區分地垂直站著，才能抓大放小，清楚知道你到底要什麼。

以英國脫歐談判為例，歐盟希望先談幾百億英磅的「分手費」補償金，但主動提出脫歐的英國卻想先談雙方「分手後的關係」，談判立場不同，利益不同，想談的順序不同，結果當然也會不同。

談判案例

銀行租房殺很大：「有沒有搞錯？第一年免費的租約談判！」

銀行張副總帶領的團隊業績蒸蒸日上，最近想換一間更大的辦公室以拓展業務。目前銀行部門辦公室位在一棟商業大樓的六樓，張副總得知同棟較大坪數的九樓已經空在那裡好幾年了。

重點是，八樓原本出租給酒店，兩年前因為一場無人傷亡的小火災，酒店早已搬走。但那場火災的濃煙往上竄，把九樓弄得漆黑一片，房東就更不好租出去了。

張副總的盤算是：

1. 房東應該是有錢人，並不急著把房子租出去。

2. 對有錢的房東而言，通常房客的素質比房租更為重要。

3. 房東是租給銀行，不是租給張副總個人，而銀行通常是優質房客，對房東而言，這筆租金應該是符合市場行情且穩定可靠的。

於是他去拜訪房東談租約：「林媽媽，我們出租房子，其實房客的素質是最重要的，您說是嗎？我自己也當過房東，我了解找

到一位好房客的重要性。您租給我們銀行，讓我們幫您照顧好房子，保證讓您安心又放心。」

林媽媽點頭表示認同。

「不過我們部門如果搬上去，我準備要好好重新裝潢新的辦公室，九樓有好幾年沒人使用，而且室內都還有之前樓下火災所造成的煙燻痕跡，裝潢費用肯定不會太便宜。其實我們還有找到別的地方也很不錯，只是因為您房子就在我們目前辦公室的樓上，搬家會比較輕鬆簡單。這樣好不好，我們簽 3＋1 的租賃合約，第一年您別跟我收租金，讓我好好裝潢您的房子，還您一個美侖美奐的新屋。同時，要如何裝潢我也會盡量參考您的想法或建議，相信這絕對是一個對我們雙方都好的誠心建議，一份共好的租賃合約，您說好嗎？」

林媽媽想了兩天，終於答應了張副總的談判條件，把九樓出租給銀行。

第一年免費的租賃談判心得與學習：

雖然張副總很謙虛地說，這次談判成功，有賴於天時、地利、人和缺一不可，譬如說剛好之前八樓的火災，重創了房東九樓房子的外觀及屋況，讓承租方掌握了有利的談判籌碼。但事實上，這個雙贏成交的租賃談判案例，有三個值得學習的談判眉角：

1. 知彼知己，是談判成功的重要關鍵！對不缺錢的房東林媽媽而言，房租不是首要考量，即便空在那裡也無所謂。但

「找到好房客幫她照顧房子」是非常重要的，因為不想麻煩，比較安心。而銀行在大多數房東的眼中，都是難得的好房客，談判需求的順序很重要！

2. 房子若不出租，空在那裡養蚊子，隨便又是一年。今天難得有承租方願意認真地出錢出力，幫忙裝潢整理房子，讓老舊的房子獲得新生，對房東而言，這種失而復得，愉悅心情的價值，恐怕遠超過一年的房租收入！

3. 在景氣低迷的社會環境下，有能力租這麼大空間的房客，可遇而不可求，銀行可以找到別的地方承租，但林媽媽不一定還能找得到這麼有誠意的優質房客。

談判重點：誰有退路，誰就占上風；誰的退路又多又好，誰的勝算就高。這個原則，放諸四海皆準！

三、「時」的談判元素

時間：充分布局（How）

　　何年、何月、何日、何時談判？要談多久？預計談幾回？談幾輪？下次談判的日期是什麼時候？為這次談判蘊釀了多長的時間？我們有沒有時間壓力？對方有沒有時間壓力？談判未必一次就談成，有時要做好長期抗戰的心理建設和充分準備。

時機：伺機出牌（When）

　　談判時間點的選擇，何時出手？

　　古人說：「十年磨一劍！」十年是「時間」，一劍是「時機」。磨幾年不是重點，把劍磨好磨利後的出手點才是重點。「時間」是努力的付出，「時機」是智慧的結晶。

談判案例

顏值高不如位階高：空姐罷工，一定成功！

　　2016 年 6 月 24 日，華航首開先例，創下臺灣史上第一次空

服員罷工事件，雖然只有罷工一天的時間，卻造成華航約新臺幣五億元的損失。

　　事後，當時的行政院長林全回憶，這是個政府失敗的談判案例，除了談判內容的溝通協調有待商榷之外，連林全院長都沒想到「華航空服員這麼快就罷工」！

　　兵法有云：「兵貴神速。」但華航空服員的談判大勝利，速度不是重點，時機才是重點。選在小英總統剛上任，首次搭華航出訪的時間點，而總統上機前留下的一句：「不是忍無可忍，不會罷工！」為本次勞資談判定調。

　　當時上任第一天的華航何董事長，聽懂他老闆的意思，於是空服員的七項談判訴求全盤接受。換做任何人擔任華航董事長，剛上任還搞不清楚狀況，缺乏談判 Power 就要在時間壓力下解決空服員首次罷工這個燙手山芋，恐怕也會照單全收吧？

　　換做是您，會怎麼做呢？面對問題，除了謾罵之外，其實還可以多想想。「時間」是努力，「時機」是智慧，留得青山在，不怕沒柴燒。

　　《孫子兵法》說：「夫兵形象水，水之行，避高而趨下，兵之形，避實而擊虛；水因地而制流，兵因敵而制勝。故兵無常勢，水無常形。能因敵變化而取勝者，謂之神。故五行無常勝，四時無常位，日有短長，月有死生。」

　　這段話的意思是，用兵的規律像水一樣，「水」是由高處往

低處流，用兵的規律是「避實而擊虛」，水因地形而變化其方向，用兵也要順應敵情變化而克敵制勝。所以用兵沒有固定的規則，就像水沒有固定的型態一樣，能依照敵情變化而取勝，可算是用兵如神了。

用兵之道，如同五行變化一樣，「金木水火土」相生相剋，不分勝負；春夏秋冬交替更迭，日有長短，月有盈缺，能掌握形勢，避實擊虛，可謂用兵如神。

談判的權力（Power），就是一個不斷變動的太極圖。對手最強的地方，可能就是我最弱處；而我的強項，也可能是對手的弱點。所以 Power 小的可以跟 Power 大的談判，端看這次談判誰有求於誰？談判的 Power 常是流動的，看清局勢非常重要。

從「赤壁」的諸葛亮，到「軍師聯盟」的司馬懿，「古今多少事，盡付談判中」！

「十年河東，十年河西。」這句話的典故是由於古代黃河常改道，故用來比喻人事的盛衰興替，變化無常。接下來，我們看看三國時代家喻戶曉、出神入化、最頂尖的兩位大軍師：蜀國的諸葛亮和魏國的司馬懿。他們在不同時期、不同情境、不同戰役中，分別跟東吳的老闆孫權進行重要且具關鍵性的兩大結盟談判，改變了歷史和未來。

杜甫《八陣圖》：「功蓋三分國，名成八陣圖。江流石不轉，遺恨失吞吳。」

　　這首詩的意思是：諸葛亮建立了三國鼎立蓋世功績，創造八陣圖而聞名天下。江水東流也推不動他所精心布局的石陣，可惜劉備為了要替關羽報仇，攻打東吳孫權失敗，前功盡棄造成千古遺恨。

談判案例

電影《赤壁（上）》：「諸葛亮的吳蜀抗魏生死結盟談判」

　　在東吳的朝堂外，魯肅引領孔明進入前善意提醒：「我家主公雖然年輕，但是有勇有謀，你可暢所欲言。只是那班老臣，就不太好對付了！」

　　孔明一坐下，便將滿身的塵埃拍落，足見這次的結盟談判有多緊急，馬不停蹄，風塵僕僕地直接拜會孫權，尋求合作以抗曹操南征的八十萬大軍。只見孔明氣定神閒地眼觀四面，耳聽八方，專心看用力聽，分坐大堂兩側的文武百官，壁壘分明。

　　文臣說：「這仗能打嗎？不能打呀！曹操這次是真的來了，強弱懸殊，這仗怎麼打呀？」

　　武將說：「但願他能提出什麼破曹的良策啊！」

　　魯肅只能尷尬地對著孔明笑。

　　此時，談判的 keyman 出現了！只見孫權緩步而沉穩地走進朝堂，面色凝重，憂心忡忡，環視左右，不發一語！孔明聚精會神地仔細打量眼前這位談判對手（對方主帥）——東吳公司的年輕

CEO，拍拍灰塵，孔明大步邁前，吳蜀生死結盟談判正式登場！

（談判前，要盡力搜集談判議題及談判對手的相關訊息，有備無患，知彼知己，百戰不殆）

雖然那個年代沒有 Google 搜尋引擎，但孔明來之前，絕對有先打聽過東吳當今的君主──孫權（透過魯肅等人、派來的間諜及江湖中的風評與傳聞）知道他 9 歲時，父親孫堅中伏身亡；19 歲時，兄長孫策遭暗殺身亡，依兄遺言接替其位後繼掌事，成為江東地區的少主。孫權，尚未成年就當上公司 CEO，年少便看盡人生百態，擔當重任，亂軍中不見慌張，大場面更顯沉穩，深具謀略，並胸懷大志。

孫權：「聽說劉豫州在新野被曹操打得一敗塗地？」

孔明：「新野之敗乃因我主公仁慈，不忍放棄跟著他的黎明百姓，拖慢了行軍的速度。」

孫權：「曹操帶來了多少兵馬？」

孔明：「水陸兩軍八十萬，正鋪天蓋地而來，目的不在我主公，志在東吳！」（讓我們一起把餅做大──整合型談判）

孫權看了看左右兩側文武百官的反應，陷入沉思。

孔明：「吳侯坐擁江東六郡，人才眾多，如果決心與曹操對抗的話，及早備戰！」

文臣說話了：「主公，不能打呀！老主公（孫堅）在世的時候，曾經再三地囑咐老臣，萬事莫如保全江東百姓，主公，不能打呀！」

孔明順著這些老臣的話：「也對，投降也好，如果沒膽量，早投降早好，免得大家終日惶惶恐恐。」（以退為進地嘲諷對方是貪生怕死之徒）

孫權問：「既然如此，那劉豫州為什麼不投降？」

孔明正氣凜然，不急不徐地回答：「孔曰成仁，孟云取義。降或不降，不在得失，在氣節！（訴說更崇高的動機，將本次結盟談判向上提升到另一個層次）曹操自封為丞相，挾天子以令諸侯，專橫跋扈，這次如果連江南都征服了，必篡漢稱帝，那麼降曹不就等於助紂為虐了嗎？」

「我主公劉豫州乃堂堂皇室之後‧英才蓋世，天下仰慕，一生忠於漢室，若不成功，那是天意，怎能投降給曹操，終身羞恥，顏面何存？」（孔明特別轉頭看這些反戰的文臣）

「不過吳侯投降給曹操也不壞，最起碼可以保住身家性命，曹操心一軟，說不定還照舊讓你統領江東六郡，何樂而不為？」（孔明看出孫權非等閒之輩，乃人中之龍，鋌而走險使出激將法）

孫權聽到孔明的藐視，大為光火地走向他，魯肅趕緊起身，欲護孔明，怕孫權一怒傷及孔明，畢竟他是蜀國劉備派來的談判代表，不容有所閃失。

孫權怒問：「你是說我比不上劉備？」

孔明：「不！吳侯有吳侯的英明之處，異於常人，與劉豫州頗有相似。吳侯能治理這麼大片的土地與人民，僅憑這一點，就比劉豫州強多了！」（談判時，要堅定立場，維持自己的尊嚴及地

位，同時也要尊重對方的立場與地位，讓雙方盡量在對等的情況下進行有效會談。）

孔明面對滿臉怒氣的孫權，神色自若，侃侃而談，毫不畏懼。想必孫權心裡也覺得百聞不如一見，諸葛孔明果然名不虛傳，龍非池中物。

此時，談判中的「專業白臉」，老好人魯肅也跳出來說話：「主公，諸葛先生早已胸懷破曹之策，不妨先聽聽他的意見。」

孔明：「我主公雖然最近打敗仗，但是：

1. 仍然有關羽、張飛、趙雲和他們所率領的水軍不下萬人。

2. 如果還能夠加上東吳的精兵猛將，兩軍結盟，必能變弱為強。（強調結盟好處）

3. 曹操雖領大軍，但一半以上是降軍，不夠忠心。（從敵人弱點來提高結盟的勝算）

4. 而且長途跋涉，一日夜行三百里，早已累壞，正所謂強弩之末不能穿魯縞。

5. 還有，北方人水土不服，更不善於水戰，冒然來襲，豈不是自尋死路？」

孫權：「你說得很有道理。」

眾文臣看情況不對，主公快被孔明說服要結盟合作打曹操，馬上提出反對意見：「主公，萬萬不可中孔明之計，我們反抗曹丞相是名不正，言不順；我方若與劉備結盟，正好給曹操藉口，不如擒殺劉備，作為獻降之禮。」

武將此時也開砲了：「應該先打後降，叫曹操也嚐些苦頭！」

文臣：「十萬人對抗八十萬人，這仗怎麼打呀？」

武將：「苟且，統統是些苟且偷生之徒！」

文臣：「你放肆！」

曹軍未至，東吳內部自己人已先開戰！攘外必先安內，內部談判有時比外部談判更顯困難。

親愛的讀者，換成你是孔明，若是談判對手內部爭執不下、衝突升高，而做主的人暫時無法做主，你該怎麼辦？

眼見東吳文武百官各執己見的衝突對立情勢高漲，孔明再進一步勸服猶豫不決的孫權：「吳侯，我知道您是位韜光養晦的人，寶劍深藏已久，總該出鞘了吧？」（抓緊 Keyman，絕不輕易放手）

文臣哭喊：「主公，這個諸葛亮是一心想把咱們往渾水裡拖啊！老主公死前有交代……」

孫權再也忍不住地怒斥：「不要再說了，這些話我已經聽過很多遍了！讓我再想想，再想想！」

孫權拂袖而去，雖然似乎功虧一簣，但諸葛亮的結盟談判，其實已經拉開了精彩的序幕，其精闢的論述與堅定的信念，深深打動孫權的心，也讓東吳的文武百官開始正視「吳蜀結盟共抗曹操」的議題。剩下的，只是時間問題，結盟談判成功關鍵所缺的「臨門一腳」，就是找到影響力中心的關鍵人物，東吳水師大都督──周瑜。

談判案例

陸劇《軍師聯盟》：「司馬懿的吳魏攻蜀分化結盟談判」

　　東漢獻帝建安 24 年（西元 219 年），劉備在奪得漢中後自稱漢中王，拜關羽為前將軍、假節鉞，都督荊州。同年，關羽率軍從江陵北上，發動襄樊戰役。關羽率軍進攻荊州北部的樊城，當時樊城是曹操部下曹仁駐守，曹操派左將軍于禁進行援救。

　　于禁七軍火速增援曹仁，關羽與于禁交鋒，時至八月，大雨滂沱，山洪暴發，漢水驟漲，水淹七軍，于禁束手就擒，部下幾乎全部投降。

　　關羽進一步圍困曹軍大將曹仁於樊城，並另派遣軍隊包圍襄陽。而曹操所指派的荊州刺史胡修、南鄉太守傅方反而投降了關羽。與此同時，自許都以南，曹操陣營治下的梁、郟、陸渾等地的盜賊皆回應關羽的印號，願為其支黨，關羽一時威震華夏。（摘自維基百科）

1. 司馬懿勇諫曹操，如何退關羽！（內部談判）

　　司馬懿：「大王可邀孫權共同夾擊關羽，以東吳之兵，抄荊州之後路，樊城之危自解。」

　　曹操：「孫劉聯盟已十年，孫權又豈會出兵夾擊關羽？」

　　司馬懿：「大王，昔日孫劉之聯盟，皆因大王大軍壓境，水無常形，兵無常勢，今劉備羽翼漸豐，下益州，取漢中，卻占據東吳荊州拒不歸還，孫權有此強鄰在側，難以安枕！」（談判情境）

「關羽歷來孤傲，孫權曾為子聘關羽之女，卻遭關羽羞辱。」

「建安十九年，呂蒙又奪關羽三郡，昔日之聯盟，早已外親內疏，岌岌可危。」

「此時大王若邀孫權共討關羽，孫權必趁虛搗關羽之後路，關羽首尾不能兼顧，必敗！大王只需許諾，還其荊州，許割江南之地以封之，孫權必欣然應允。」

曹操大怒：「荒謬！還其荊州，許割江南，那荊州若入孫權之手，孤一統天下的大業何時實現？」

司馬懿見曹操怒氣中燒，意欲殺己，卻無所畏懼地跪下繼續說：「大王，荊州乃一地得失，克成一統絕非朝夕之功，楊主簿（魏國謀士楊修，建議曹操遷都洛陽，並將漢獻帝遷到鄴城，以避免落入關羽之手）所建議，乃戰術之法，絕非戰略之道。可避一時之險，卻恐誤千秋之功業。孫劉聯盟若不破，我魏國終陷兩面受敵之困境。大王，千萬不要忘了……（停頓不語）」

曹操：「忘了什麼？講！」

司馬懿：「大王，千萬不要忘了，赤壁的前車之鑑！」

好一個司馬懿，不僅思慮周密，條理分明，切中要害，極富謀略，更知彼知己，深諳人性。他指出，吳蜀聯盟，冰凍三尺，早已貌合神離；對孫權若能夠「誘之以利」（還其荊州，許割江南）、「脅之以害」（劉備羽翼漸豐，下益州，取漢中，卻占據東吳荊州拒不歸還，孫權難以安枕）、「動之以情」（孫權曾為子聘關羽之女，反遭關羽羞辱）、「曉之以理」（魏王邀孫權共討關羽），

則樊城之危可解！

　　他更深知曹操的志業（一統天下）、性格（專橫多疑，凡事以利益為最大考量）與痛點（赤壁因輕敵遭吳蜀結盟大敗），此番建議，必能說服曹操，改變戰局。

　　果然，曹操遂令司馬懿出使東吳，為吳魏分化結盟談判代表。

2. 一鳴驚人，吳主孫權的談判團隊與魏國談判代表司馬懿的第一次交手！（外交談判）

　　東吳殿堂之上，司馬懿奉魏王曹操之命，前來進行吳魏合作的結盟談判。

　　孫權：「要孤討逆？不知逆賊是誰啊？」

　　司馬懿：「荊州──關羽！」現場響起一陣輕蔑的笑聲。

　　東吳重臣張昭：「壽亭侯關羽，乃天子親封之漢壽亭侯；荊州，乃我江東故地，豈有自家人討伐自家人州郡之道理啊？」

　　司馬懿：「原來這荊州乃是江東的故地啊！那為何荊州的土地稅賦，皆歸關羽所有啊？建安19年，呂蒙將軍親率大軍征討荊州，奪長沙、零陵、桂陽等三郡，自家的將軍，為何要征討自家的州郡？」司馬懿振振有詞，反將一軍，令張昭一時答不出話來。

　　孫權親上火線應答：「關於荊州之事，只因多年紛爭，邊境守軍一時誤會，不足掛齒。荊州乃孤借與劉皇叔暫居，劉備乃孤之妹婿，一家之親，兩三年內自當歸還，此乃孤之家事，不勞魏王掛懷。」話鋒一轉，「昔日魏王提兵與孤會獵赤壁，號稱雄兵百

萬，想不是怕了關羽吧？」

　張昭：「恐怕魏王的百萬雄師，早已化作江中的魚蝦啦！」現場又是一陣嘲笑聲。

　司馬懿：「赤壁一戰過後，魏王常常感慨，若周郎還在，焉使劉備坐大？」

　「關羽，不過劉備一守將耳，尚且如此傲視江東，也許再過數年，荊州不得歸還，恐江東之地，盡歸劉備手中。魏王本想替將軍掃清肘腋之患，可怎奈江東諸公卻盡在夢中！一家之親？（冷笑一聲）敢問，關羽之虎女，不嫁誰家之犬子？」（緊咬對方痛點，諷刺東吳孫權君臣，極盡挑撥離間之能事，司馬懿果然不是普通人，有勇有謀有膽識）

　孫權：「曹公之意，還望司馬來使，盡述其詳。」（司馬懿以其句句到位、字字鋒芒的談判說服力，知彼知己，有條不紊的戰局分析，加上不卑不亢的談判態度與氣勢，讓吳王孫權不敢再等閒視之，堪為「下對上談判」的經典）

　司馬懿：「下官不敢欺瞞將軍，魏國此次征討關羽，兵馬共計四十五萬，然關羽兵不過五萬，船不過百艘，縱得一時之勢，不過借天時地利耳，雖有一時之勇，卻無後繼之力。」（低估關羽實力與運氣）

　「而我魏國大軍，進可攻，退可守，縱然全軍而退，亦無損傷。（高估魏軍的實力與彈性）可關羽這五萬大軍若轉而東向，將軍於之奈何？關羽於我魏國，不過疥癬之疾，可於江東，卻是心腹

大患，其中輕重緩急，若諸公不能辨，豈非皆在夢中？」（請想清楚，危急的是你不是我，而我是來幫你的）

張昭：「此言差矣！明明是魏王不勝關羽，差你來向我主乞兵，竟說成是為我江東著想，天下無恥之徒，可笑至極！」

此時吳主孫權與座下吳國大將陸遜互使眼神，君臣兩人的共識是：「司馬懿所言的確有幾分真實性及可行性，可再進一步了解與談判。」於是，孫權終於起身了！趨前要將這個與諸葛亮相比毫不遜色，卻在江湖上默默無聞的魏國談判使者司馬懿，好好看個仔細！

孫權：「司馬使者，好一張利口！我君臣還有待商榷，請使者先到驛館等候。」

司馬懿：「事關江東基業，望將軍三思。」

親愛的讀者，換成你是孫權，你會相信司馬懿，背棄吳蜀之盟，與魏國夾擊關羽，趁勢奪回荊州嗎？

會後，東吳名將陸遜代表孫權密訪司馬懿，做進一步的互信溝通，可謂確認共抗關羽結盟的前置談判。

陸遜：「江南十萬精兵，百萬民眾，富庶之鄉，長江之險，不知道魏王能勝否？」

司馬懿：「這百萬之民要皆變成守城之兵，魏王遠到前來，自然不能勝。中原連年戰亂，江東亦有大族之爭。富庶之民，安居但厭戰。江東，恐也無力北上吧？」（談判示弱）

陸遜：「那仲達兄的意思是？」

司馬懿：「共擊關羽，以結盟好，彼此休戰，以養黎民。」（利益連結，談判雙贏）

陸遜：「魏王想要休戰嗎？」

司馬懿：「連年征戰，吾國疲憊不堪，江東也是難以支撐。這才讓劉備趁勢而起，但他知無力北上，兵戈所向，又能指向何處啊？」（談判釋出善意的親和感，並提升對方的危機感）

陸遜：「只是仲達兄用什麼向吳國保證，這魏國沒有南下併吞之意呢？難道你能做魏王的主？」

司馬懿：「在下做不了魏王的主！」

陸遜：「那你要如何取信於吳侯呢？」

司馬懿：「伯言將軍，魏王已春秋六十有五了！」

陸遜：「仲達兄的意思是，可以為將來的太子做出擔保？」

司馬懿：「在下言盡於此！」（談判說話的藝術與藝境，點到為止，大家都是聰明人！不久的將來，是太子曹丕的天下）

陸遜：「我明白了！」（談判取得承諾，好回去跟老闆覆命）

陸遜回去跟孫權報告，認為曹丕將繼任魏王，而司馬懿將是魏國掌權重臣，其言可信。

權衡利弊得失後，孫權做出決定，東吳背盟，遣陸遜、呂蒙偷襲荊州，關羽腹背受敵，兵敗被殺。司馬懿初試啼聲之「吳魏分化結盟談判」，不僅解除魏國樊城之危，更使吳國奪回荊州，並重創蜀軍。談判創造了雙贏，有談判（吳魏兩國）絕對比不談判（吳蜀兩國）要好！

談判，真的很重要！

前面所述兩場重要的經典談判，其談判代表分別是三國中最神的兩位大軍師：「赤壁大戰」吳蜀生死結盟談判的諸葛亮，與「關公之死」吳魏分化結盟談判的司馬懿。有趣的是，他們兩位的談判對手，恰巧都是東吳的孫權與他的團隊。

孔明促成了吳蜀結盟，共抗曹魏下的赤壁大戰，確立了三國鼎立的態勢；司馬懿不僅分化了吳蜀聯盟，更成就了吳魏結盟，共擊關羽，使其不僅大意失荊州，更因此丟了性命，造成日後劉備率大軍來找孫權報仇的夷陵之戰，不在話下。

無論千古軍師諸葛亮的「生死結盟談判」，或大軍師司馬懿的「分化結盟談判」，其談判成功的共同關鍵點在於：

1. **知彼知己**：了解自己和對方的優勢與劣勢，強化長處，隱藏短處，不僅贏得談判對手信任，也給予其攜手合作的信心，讓對方有勇氣和我們一起把餅做大，各取所需，共享利益。

2. **將心比心**：孔明向孫權表示，曹操的八十萬大軍，志在東吳；司馬懿提醒孫權，關羽的五萬大軍對魏國無關痛養，但對於東吳則是如芒在背，不可不懼也。兩人談判時，都明確地站在對方立場，從對方的角度來替對方思考，不只提醒雙方結盟的利益，更警告對方不與之結盟的嚴重後果，將利弊得失以同理心態，呈現給談判對手知道，拉近關係，抓住對方的心。

3. **言之有物，攻守俱佳的談判說服力**：兩大軍師各為其主，字字珠璣，雄才大略，辯才無礙‧讓信者服氣，半信半疑者相信，不信者無言！

4. **處之泰然，神色自若**：笑罵由人，不為所動，堅定自信，使命必達的談判信念。談判代表要有一張撲克臉的意思，就是無論面對什麼樣的局面和狀態，都能喜怒不形於色，讓對方難以捉摸；又或是當一隻「談判變色龍」，見人說人話，見鬼說鬼話，展現彈性，但堅持底線，不輕易讓步退縮。

小結：

《孫子兵法》說：「兵無常勢，水無常形，五行無恆勝，四時無常立；日有短長，月有死生。」

這段文字提醒我們，談判桌上「**沒有永遠的敵人，也沒有永遠的盟友。**」（切記：後面這句話比前面那句更重要！）談判皆以利益為導向，以創造雙贏為理想。

能隨著敵人的不同而加以變化的，就達到了一種神奇的境界。就好像五行沒有永遠取勝的一方，四季也沒有總是停留在某一季；日照的時間有長有短，月亮的形狀也有盈有虧，一切都是變化的。誰能掌握現實情況、時勢脈動的，誰談判的勝算就高。**沒有永遠的贏家，也沒有絕對的輸家，不求全拿，但得更多！**

💬 期限

談判一定要給「期限」，讓對方在期限內，務必給予一個明確而詳盡的回覆或解決。談判時，人們常常會欠缺設定和嚴格遵守期限的能力，讓對方輕鬆地敷衍了事。你必須製造一定的時間壓力，對方才不至於糊弄你，不把你當一回事。「**你在乎，人家才不會輕忽；你認真，別人才把你當真！**」

談判案例

屏東暖冬遊：沒收據不給錢，火氣很大的「逆轉勝談判」

為了響應政府「前進宜花東，高屏暖冬遊」的德政，2018 年 12 月 21 日星期五晚上，我帶著兒子開心地展開南向長征，先搭高鐵到左營站，再轉乘火車坐了約一小時，總算抵達屏東火車站，還好飯店就在車站旁，但是到大廳已經是晚上十點半了。

這次的出遊，主要是因為我太太 Debby 的樂團剛好那晚在屏東演出，她透過易遊網訂了車票和飯店，每間房補助 1,000 元，車資補助 1,000 元，最多共 2,000 元。（住房為必要條件）Check in 時飯店會直接退款給客戶，因此她再三叮嚀我，易遊網買的高鐵票根一定要留著。

然而，當櫃臺人員向我索取「代收轉付收據正本」時，我傻眼了，急忙打去易遊網客服中心詢問，才發現原來是 Debby 漏勾選

了「代收轉付收據正本寄送」這一欄，此時此刻我拿不出來對方要的收據正本。

易遊網的客服人員馬上撇清責任，不斷強調是我們自己沒看清楚沒勾選「代收轉付收據正本寄送」，她也強調現在已是下班時間，明早九點在屏東車站旁的易遊網公司門市，可幫我們立即補開收據正本。

聽來問題不大，但沒想到飯店櫃臺人員竟斷然拒絕。他不接受傳真及 Email，也不接受明天補開的收據正本。他表示：除非現在當場拿出易遊網開立的「代收轉付收據正本」，過了今晚午夜十二點，公司將自動關帳，明日補件無效。

什麼！竟有這種事？重點是這個櫃臺人員的態度極其惡劣，一副事不關己的表情和輕蔑的言語，讓人火冒三丈，現場另一組客人也在與其爭執後，悻悻然地離去。我說願意押 5,000 元給他，等我拿到收據再來領回 5,000 元加 2,000 元的政府補助款。但他冷冷地說：「因為公司電腦系統的設定問題，必須今晚十二點前要提供收據正本，否則我就拿不到政府這次高屏暖冬遊的 2,000 元補助。」

大老遠從板橋跑到屏東，本想搭政府補助的順風車，帶兒子來海生館和墾丁玩兩天，沒想到才第一個晚上，就遇到這麼掃興的人與事。「退房」是我當下的第一個念頭，不住可以吧！我就不相信屏東週五晚上找不到一間飯店住。

但易遊網給我的答案卻是：「線上已刷卡付費，當日不得取消

訂房退刷！」如果我任性地離去，白白便宜了這家毫無待客之道的飯店，錢還要被它賺走，這絕非我所願。

前面提過談判的「黑白臉」，下黑上白，我要求對方的主管出來解釋，一位女主任走出來，雖然態度好很多，但立場一樣堅定：「公司電腦設定今日關帳，沒有收據正本一切免談！」

理由是之前很多客戶都拿了錢走人，沒再送收據回來，害飯店損失慘重。「既然如此，為何電腦不設定先拿收據再給錢的機制呢？」我心中不斷重複這個念頭，但顯然無論說什麼，對方都聽不進去。更糟的是兒子一直吵鬧，哭叫喊媽媽何時才會來。

各位讀者，換做是你，該怎麼辦？

有朋友說，換做是他，一定跟對方槓上，要他給個交代。否則要告到政府或新聞媒體，讓飯店吃不完兜著走，恐嚇式的硬出牌談判！這話說得很豪氣，但試想，舟車勞頓、氣急敗壞的我，易遊網電話也打去求救過了，飯店主管也溝通過了，此時已無計可施。更重要的是，如果我們一家三口在別人的地盤要住一夜，安全起見，狠話最好還是別說為妙，對吧？

換個角度想，誰叫我們沒看清楚易遊網的規定呢？就當作是繳學費，學一個難得的經驗。兩天的假期正要開始，有必要為了這「區區兩千元」的補助，壞了難得來屏東墾丁渡假的好心情嗎？這實在太不值得了！談判跟人生一樣，豈能盡如人意？有時自我安慰和鼓勵，比談判技巧和策略更重要，正向思考，一切美好，日子還要繼續過下去。

　　將近晚上十一點，Debby 結束音樂會演出趕來會合，我們就這樣入住了飯店，政府的暖冬遊補助款，只能相見在夢中了。但是，你以為故事就這樣結束了嗎？

　　第二天早餐時間，我們在餐廳遇到 Debby 的兩個團員，才發現大家雖然有不同的原因，但是都有同樣不爽的遭遇。原來她們都是在易遊網訂票，都有勾選「代收轉付收據正本寄送」這一欄，但是一位忘了帶，一位帶錯了，下場跟沒勾選的我們一樣，不僅沒拿到 2,000 元政府補助款，還要受昨晚那位櫃臺人員的氣。

　　同病相憐的我們，這個早餐吃得特別有意思，邊吃邊罵，又沒辦法。其中一位憤憤不平地說：「要不是我等下趕高鐵回臺北，我一定要打去觀光局申訴這家飯店！」

　　為了因應下週的跨年連假，今天星期六是補班日，政府機關有上班，觀光局有人在。她無心的一句話提醒了我，回到房間才九點十分，我馬上打電話到觀光局，一位黃小姐很客氣地聽完我的「哭訴」之後，很大器的說：「鄭先生，請問你還在飯店現場嗎？請你把電話轉給櫃臺，我來跟他說。」我趕快衝到櫃臺，並叫 Debby 通知那兩位團員一起來。

　　昨晚的兩個人都下班了，櫃臺是一位小姐。掛上電話後，她的態度一百八十度轉變：「觀光局說，今天開的收據可以使用，麻煩三位提供身分證和銀行帳號，因為主管已下班，今天會再跟您們聯繫確認。」原來飯店怕的是週六開的收據因為是假日，所以不能跟政府請款。這世界，每個人都有他的難處！

　　既然觀光局的官員確認今天開的收據可用，沒有期限的問題，我們就有機會拿到這 2,000 元，喔不！是三個房間共 6,000 元的暖冬行補助款。

　　帶著愉快的心情，我們在屏東海生館玩了一天，但整天都沒接到飯店的電話，下午五點要離開海生館時，我有些懊惱早上忘了給飯店一個電話通知的期限！就在此時，昨晚那位女主任打電話來：「鄭先生不好意思，跟您確認一下銀行帳號，我們會在下週一匯款給您，不過要扣掉 30 元的轉帳費喔，謝謝！」

　　這次屏東訂飯店的學費由 2,000 元減為 30 元，我欣然接受。同時，Debby 的兩位團員也打電話來表達謝意，錢的大小是其次，重點是大家都有一種「失而復得的喜悅」。不求全拿，但得更多。

　　結論：努力找到你的談判資源和籌碼，別輕易放棄本該屬於你的權利。談判比不談更好，雙贏談判力，越談越有利！人生無處不談判。

議程

　　所謂「議程」，就是會議全部程序的安排，進行的過程。「談判的議程」包括：

1. 談判的主要目標與議題：

　　根據談判目標，將相關的問題匯整，進行攻防或討論。在確定議題時，應盡可能將己方的議題列入議程。當然，對方也會提出相應的談判議題，如果雙方議題吻合，基本上就可以將議題確定下來；如果雙方想法差距較大，則需要針對哪些議題可列入議程進行討論。

2. 談判的原則框架：

　　即進行談判的程序規範，及解決爭議或問題的準則與方案。

3. 議題的先後順序：

　　原則框架確定以後，雙方就應著手討論各個議題細節的先後順序。先談重要的、複雜性高、較難有共識與談判結果的議題；或是先談較簡單的，易於達成共識的議題。

　　可先舉行談判前會議，討論議題的優先順序。《孫子兵法》說：「知彼知己，百戰不殆。」對我重要的，對他未必重要，先談我可以讓給他的議題，有助於建立談判親和感，讓己方在後面較關心或重要的議題中，能取得優勢，達到目的。

4. 時間安排：

　　每個談判議題需要多少時間進行談判，是議程討論中的另一個問題。一般情況下，對我方有利的議題應該盡可能規畫充裕的

時間，對我方不利的議題應該盡可能安排較少的時間。談判議程的安排，根據己方的具體情況，在程序上盡量避己所短，揚己所長。控制議程，你就可以掌控談判的節奏和進度，得到更多。

所謂「先禮後兵」或「先易後難」就是：把你認為這次談判需要討論的各項議題列出並排序，把所有你願意讓給對方的重點放在前面，展現親和感和最大誠意。也就是在談判的順序及內容安排上，保證己方的優勢能得到充分的發揮。

談判議程的內容，要能夠體現己方談判的總體方案與最終目標。議程的準備包括何時提出問題？提什麼問題？向何人提問？誰來提出問題？誰來補充？誰來回答對方問題？誰來反駁對方提問？什麼情況下要求暫時停止談判等。

2018 年 4 月 27 日，南北韓領導人終於越過板門店 38 度線見面的「文金會」，雖然只有短短一整天，然而從早到晚，都是談判的議程。

包括雙方領導人見面時的握手及擁抱，來回跨越 38 度線的動作；一男一女兩位頭髮有型、親切可愛小朋友的獻花，歡迎金正恩領導人成為韓戰以來，第一位踏上南韓國土的北韓領袖；南韓軍樂隊演奏的歡迎音樂（大韓民族的傳統名曲「阿里郎」），不演奏雙方國歌、不升雙方國旗，以避免尷尬並代表相互尊重；閉門會議前三對三的簡單寒暄問候，滿臉笑容與誠意的交流互動；南韓八人談判團隊，與北韓十人小組的閉門會議；中午金正

恩返回北韓用餐休息；下午雙方領導人各自用對方的江水所共同種下和平樹的儀式；臨時撤掉所有貼身護衛後的「文金單獨會」；發表韓國半島無核化的共同宣言；晚上雙方夫人的相見歡，南韓款待金正恩夫妻的晚宴，加上了北韓帶來的平壤冷麵，及打破風霜迎接和平的晚宴甜點……整體而言，無一不是精心設計，反覆沙盤推演的談判議程。

　　2019 年 4 月 29 日和 5 月 6 日，中美貿易談判分別進入在北京的第十輪談判及在華盛頓 DC 的第十一輪談判，每輪談判都有許多談判的重要議題，及如何安排進行這些議題的議程。接下來，讓我們看一個中美商務談判電影的例子。

談判案例

電影《海闊天空》：也許我們可以一起把餅做大
──「侵權談判」或「合夥談判」？

　　由陳可辛導演的電影《海闊天空》是描述「土鱉」成東青、「海歸」孟曉駿和「憤青」王陽三位燕京大學的同窗好友，畢業後為了改變自身命運、共同創辦英語培訓學校──「新夢想」的故事。

　　其中有一段精彩的商務談判情節：美國教育服務中心（EES）控訴中國的「新夢想學校」竊取教材，未經授權使用其留學考試資料，雙方談判代表於紐約的聽證會進行侵權賠償談判。

　　談判的一開始，美方律師給的下馬威就是：「EES 已向全美各

大學發出警告，新夢想學校出來的中國留學生，很有可能在托福及 GRE 考試中，有作弊的行為。各大學會特別注意在留學考試中取得高分的新夢想學生。」

美方主談代表波諾引用非官方資料，提及中國從科舉就有作弊的傳統，而且作弊的方式五花八門，並強調新夢想學校的教材讓中國學生在相關考試獲得不正當的優勢。他要求新夢想學校承認侵權的基本事實。

接著，由律師展開硬出牌談判一連串的猛烈炮火，包括：

1. EES 已經向法院申請，禁制新夢想學校的侵權行為，並銷毀所有盜版 EES 的考試資料。

2. 要求「新夢想學校」賠償 1,500 萬美元。

3. 要求進一步的懲罰性賠償。

孟曉駿和王陽面對美方如此高姿態的談判攻勢極為不滿，聲稱法院見，幾近翻桌走人，劍拔弩張之際，「新夢想學校」的創辦人，成東青校長跳出來喊暫停，先去吃飯消消火氣，緩和情緒，談判跟球賽一樣，喊暫停或中場休息（timeout 或 break）很重要。

在吃飯時進行內部談判，凝聚共識之後，三人回到會議室，繼續下午的談判議程。王陽一開始就拿出一盒月餅送給美方主談代表波諾先生，祝他中秋節快樂，並表示如果等下雙方一言不合打起來，還可以拿這個當武器。（展現幽默，建立親和，化解上午談判議程中的不愉快）

緊接著，成東青校長正式向美方道歉，承認侵權，並願意賠

償，但不是美金1,500萬元。他並背出本次談判的相關英文法條，展現出中國學生為求生存發展，拚命而且很會背書及考試的軟實力。（展現談判的 Power）

　　孟曉駿表示：「無論這次法院的侵權判決結果如何，這都是雙方正式合作的開始。我們希望 EES 在中國市場可以版權規範化，避免侵權事件發生，而中國是全世界最大的英語教育市場。」（談判的結盟與資源）

　　成東青也正式宣布「新夢想學校」將在華爾街上市，他向美方談判代表說明：「感謝你們今天的控訴，有這樣的侵權談判議程，讓華爾街的投資人看到『新夢想學校』的誠意與勇氣，願意為錯誤負責，並付出代價。當我們成為全球最大的教育產業股，你們就會真正地尊重我們，雙方不用再靠打官司或談判來溝通。」

　　從「分配型談判」，引導對手轉為「整合型談判」；從雙方互嗆的刮分資源，到我們一起把餅做大！進一步想，共好共榮；退一步想，海闊天空。

四、「地」的談判元素

 地點

談判在哪進行？談判桌是放在自己的主場？還是放到對方的主場？又或是到第三地去談？例如 2018 年 4 月 27 日南北韓領導人的世紀會談，選在兩韓交界的北緯 38 度線，板門店的和平之家，這都是一再沙盤推演的考量；又如同美國總統川普和北韓金正恩的談判地點，選在第三地新加坡和越南一樣，有其缺乏互信的多面向國際政治外交考量。

談判案例

當阿珠變阿花，美容美體中心「價值 30 萬元的 VIP 券退費談判」

好友 Erin 的「遭遇」，跟高爾夫教練寶哥的狀況剛好相反，這回從「被要求退費的一方」，變為「要求退款的一造」。

Erin 從某個美容美體中心 20 年前開張大吉日，不小心一試成主顧，就這樣陪著老闆娘小美一路走來，經歷過創業期的艱辛，到現在不僅生意興隆，除了新北市板橋江子翠的總店之外，最近

還在蘆洲開了分店。

問題來了，Erin20 年來的「御用按摩師」阿珠，突然被調到蘆洲分店當扛壩子，肩負起訓練新人的重責大任。而在上次購買 VIP 券時，小美曾親口承諾：「只要 Erin 來店消費，保證由阿珠來服務這位 20 年的忠實老客戶！」但現在卻叫 Erin 改去蘆洲店消費，說跟板橋一樣方便。

Erin 表示早已習慣板橋店，蘆洲路不熟，並不想去蘆洲店。小美只好介紹另一位資深按摩師，阿珠的同門師妹阿花來為 Erin 服務。試了幾次之後，Erin 覺得阿花跟阿珠雖然名字只差一個字，但功夫手勁實在差很多。既然不想去蘆洲店，又不滿意阿花的服務，Erin 只好跟小美攤牌，要求退費，但小美始終避重就輕，不願退費。

聽完了 Erin 的故事，我忍不住問她：「那妳到底還剩多少價值的按摩 VIP 貴賓券呢？」

她幽幽地回答我：「大約還剩下 30 萬元左右！」

哇塞！原來我的好友和寶哥遇到那位望子成龍的家長一樣，都是很有經濟實力的人。當我跟她提到寶哥的故事，她便問我有什麼好建議，可以讓她去跟小美談判。

親愛的讀者，換成是你，你會委屈自己勉強適應板橋店新的按摩師阿花？或是強迫自己去習慣雖然有阿珠坐鎮、但卻很陌生的蘆洲店？還是堅持不退費不妥協，就算跟小美撕破臉也無所

謂？堅持退費的理由又是什麼？

換位思考，若你是老闆娘小美，這 30 萬元的 VIP 券退得下去嗎？若不退，又要如何面對支持自己 20 年的老客戶呢？

我的想法是：

1. 站在老闆娘小美的立場，30 萬元真不是個小數目，目前景氣不大好，實在很難說退就退。

2. 阿珠並非離開公司或是調到中南部，只是從板橋店調往同屬新北市的蘆洲店，Erin 僅因自己不熟悉蘆洲地形就要求退款，「理」字上恐站不住腳。

3. Erin 既然不喜歡板橋店阿花的服務，就不需要勉強自己。

在同理思考、追求雙贏的前提下，我建議 Erin 也許可以跟小美說：「看在多年相挺的交情上，我目前願意保留一半的 VIP 券去阿珠的店消費。如果到時我覺得蘆洲和板橋其實差不多方便的話，我還是妳忠實的 VIP 客戶喔！」小美最後接受了 Erin 的要求，並表達感謝老客戶的支持。留一個迴旋空間，各退一步的做法，讓談判多些溫度和彈性，對彼此都好。

情境

「情境」指的是一種談判的氛圍，看清整體大環境的局勢很重要。

蔡英文總統剛上任之時，華航空姐罷工談判成功，七項訴求

華航照單全收。很明顯地可以感受到那時的社會氛圍是：只要會吵，就有糖吃。於是航空公司不只空服員罷工，連內勤人員也醞釀罷工；同時，國道收費員的抗爭事件，也驚動到蔡總統邀請遠東集團董事長徐旭東先生進總統府喝咖啡，做公益，曉以大義，最後由企業負起社會責任，跟政府一起分攤上億的補償金。

因此，當時無論台電員工、臺鐵員工或是保險從業人員都要上街頭抗議喊冤，連軍公教人員也為了政府的年金改革要上街頭……直到政府把拒馬拿出來因應公教退休年金的街頭抗議，人們才發現風向轉了，待在家裡比較安全。

談判的情境隨時間轉變，勿逆勢操作，要順勢而為，才能以小搏大，爭取更多。

談判案例

電影《談判專家》：警匪機智對決談判──老闆永遠是對的！

在劉德華和劉青雲主演的電影《談判專家》中，當歹徒（劉德華飾）脅持人質，在天台上跟警方對峙，談判專家（劉青雲飾）被請來跟他談判。有一幕情境十分緊張險峻：歹徒槍殺了人質，被警方飛虎隊重重包圍，歹徒宣稱手上的壓力引爆器只要一放手就會引爆炸彈。

然而談判專家卻不甩他，回應：「拿著這個破玩意兒，就要我相信你有炸彈，我不信，放手吧！」

正當談判專家態度強硬地要對方放手試試，他老闆——警局黃督察在後面大喊：「我信，別放手！」

談判專家很訝異地回頭，馬上跟督察進行內部談判。

談判專家：「那個炸彈是假的！」

警局督察：「你怎麼知道？」

談判專家：「你就相信我一次好嗎？」

警局督察：「我為什麼要相信你，不相信他？如果爆炸我要負責，不爆炸就沒我的事！」（這真是重中之重）

談判專家：「身為警察，你能不能勇敢一點？」

警局督察：「你也不知道這炸彈是真是假嘛！」（老闆的話，其實也有道理）

最後，只能眼睜睜地看著歹徒揚長而去。人質沒事，炸彈是假的，至少大家都平安。

這個談判的情境是：歹徒一開始握有人質，而後又聲稱手上的炸彈威力驚人，展現談判的實力與籌碼；當以炸彈威脅要逃離現場時，雖然談判專家態度強硬地拒絕妥協，然而一方面他的長官怕事，不想承擔風險，另一方面，談判專家當下無法向其長官證明炸彈是假的，因此在這一回合的警匪談判，歹徒順利逃脫，取得勝利。

各位讀者，讀到這裡也許你也有同感，會聯想到辦公室裡的主管長官，是不是常常很像這位高階警官黃督察一樣，膽小怕事

又無能。但如果換做是你，在這樣警匪對峙的場景，凶險未知的談判情境，你真的要跟這位談判專家一起賭一把嗎？這賭注不只是你的烏紗帽，更是飛虎隊眾弟兄的命啊！從談判專家的立場來看，談判是個局，看清局勢和情境很重要。如果你的長官影響到你的談判內容，你不要只是咒罵他，史要說服他，才能讓談判進行如你所願，這不是件容易的事，需要加把勁！

談判小結：

1. 內部談判很重要，攘外必先安內。
2. 談判代表有沒有被充分授權很重要，否則談判對手不把你當一回事。
3. 老闆不一定永遠是對的，也許你不能說服他，但永遠要尊重他，否則倒楣的就是你。

職場中最糟的忠言是，你說：「老闆恕我直言，你真的錯了！」
職場中最大的謊言是，老闆說：「盡量放手去做，我永遠支持你！」

 退路

談判，誰有退路，誰贏；誰的退路好，誰贏！

　　現在是 Fintech（金融科技）時代，網路金融盛行，很多銀行分行整併，不再增設分行。只要房東表示要漲房租，銀行二話不說直接搬家走人。房東甚至主動降價，怕失去銀行這樣的好房

客。臺北市東區高房租鬆動，最高降價逾六成，金店面褪色，空屋率飆高，倒店潮難擋。

之前東區統領百貨附近有一店面，租約到期，承租的店家希望租金能自 150 萬元降到 135 萬元，房東不想降，決定不續租，另外委託房仲以原租金招租，但一直租不出去。房東緊張了，找到原房客表示願意降價以 135 萬元出租，但原房客已找到新的店面，房東為免空置租金損失，再降租至 130 萬元，但現仍空置中。

談判得「找好退路」，或是「找個好退路」。

談判案例

陸劇《那年花開月正圓》：棉商買賣議價談判

陸劇《那年花開月正圓》是 2017 年播映的大陸古裝電視劇，由孫儷主演，該劇以陝西省涇陽縣安吳堡吳氏家族的真人史實為背景，講述清末出身於民間的商界奇女子，陝西女首富吳周氏跌宕起伏的人生故事。

話說吳周氏第一次與棉花商人童老闆進行商務買賣議價談判，場景在某間客棧。

童老闆：「請問夫人有多少這樣的棉花？」（探聽對手虛實）

吳周氏：「至少八十萬斤。」

童老闆：「太多了，我用不了那麼多！最多二十萬斤。」（以虛為實）

「價格要是公道，我可以勉為其難再多要二十萬斤。」（談判的條件句：如果、假設、要是）

吳周氏：「那童老闆覺得什麼樣的價格算是公道呢？」（以問問題，連攻帶守）

童老闆：「我在其他地方收棉花，都是 50 文一斤，我與涇陽有交情有感情，60 文吧！」（動之以情）

吳周氏：「童老闆，我這棉花 120 文一斤。」

童老闆：「夫人，妳是在說笑吧？」

吳周氏：「去年棉價大跌，關中一半的棉農都改種了小麥，而直隸湖廣那邊的棉田又遭了殃，幾乎顆粒無收。物以稀為貴，加上我這品相，怎麼都值 120 文一斤。」（談判的情境今非昔比）

童老闆：「（大笑）夫人啊！我在其他地方收棉花，也沒超出 100 文呀！」（談判的標準）

吳周氏：「（也還以大笑）童老闆，水漲船高，您今年的府布，一定也能賣個歷史最高價！」（誘之以利）

童老闆：「80 文，妳這 80 萬斤棉花我全要了，不行，那就拉倒。」（以量制價）

吳周氏：「為了表示我的誠意，這樣吧！若是 80 萬斤棉花您全要了，我讓你 5 文，115 文。」（談判的條件句：若是）

童老闆：「夫人，實在不好意思，這生意沒法做了！」（談判破局）

吳周氏：「（起身）沒關係，我相信過兩天，直隸湖廣那邊的

棉商都要來涇陽,到時候我這棉花 150 文一斤也不是不可能。」
(談判的退路:有沒有?好不好?誰有退路誰贏!)

「喔!對了,您訂的回武漢的貨船,好像還是 80 萬斤的艙位,
初八就必須啟程,看樣子,這趟您得空手而歸了。」(談判的情
報搜集與時間壓力)

話說完,吳周氏即離開,邊下樓梯邊唸唸有詞:「快叫我!快
叫我!快叫我!」(因為很重要,所以唸三遍)

童老闆:「夫人請留步。夫人,再讓一點吧!」(談判成交前
的關鍵讓步,見好就收,留個情面別太貪)

吳周氏:「這樣,那如果一手交錢一手交貨,就 110 文。」(談
判的條件句:我這裡讓你,你拿什麼還我?)

童老闆:「成!」

這段故事告訴我們幾個談判的重點:

1. 知彼知己,百戰不殆。

2. 談判的親和與同理很重要。

3. 善用談判的條件句:如果、假設、要是。

4. 談判要適時讓步,找好退路。

5. 談判鐵律:切割法。如果價格不能動,那規格好一些、數
   量多給些、付款方式鬆一些、交貨方式好一些,多些彈性
   比較好談!

6. 贏一點,讓一點,是談判技巧也是處事態度!

底線

談判案例

比吃土更有價值的音樂會門票

　　某市立交響樂團的活動承辦人員向我邀約一場三小時的講座，主題是：「共好團隊力」。學員是一群優秀的音樂家，對方透過轉介紹找到我，並一開始就在 LINE 上表明：「一小時 1,600 元的預算。」

　　我笑著回答：「哈！直接切入重點喔！」

　　她說：「這是公家機關的給付標準，很低……但已經是最高限額了，老師您可以接受嗎？」

　　我回答：「其實我去企業上課的定價是一小時 10,000 元喔！」

　　親愛的讀者，請問我為何要表明培訓行情價？到底我要不要接這個邀課呢？

　　答案是：我一定會接這個講座。原因有三：

1. 我本身是個古典音樂愛好者，算是國家音樂廳的常客，而且一向很佩服音樂家的專業。

2. 我常到公家機關授課，了解他們開課的公定價通常就是一小時 1,600 元，沒什麼談價的空間。

3. 我太太本身是音樂家，該交響樂團裡的許多音樂家都是她的舊識老友，我很樂意有這樣跟他們分享的機會。

　　既然確定會接，又為何要表明行情價呢？理由很簡單，就算要接，也是基於人情世故的一些特殊考量，但還是要讓對方知道我們平常的收費狀況，這次的講座只是個友情的特例。沒別的意思，只想表明自己：平時收費的行情、友善的態度和願意熱情分享的誠意。

　　您猜對方的回應是什麼？依照我的經驗，她應該會再次表明對講師費用無能為力的現實情況，並期望我的友善支持才是。但出乎意外，她立即回了一個 LINE 的可愛圖案：「來吃土吧！」

　　怎麼會這樣？當下的感覺是「又好氣又好笑」，我輸給她了！身為講師，馬上幫自己找臺階下是一種本能：「因為我太太也是音樂人，所以去樂團上課的費用不是問題啦！」

　　「感謝老師，我可以給您音樂會的票，9 月 16 日國家音樂廳，我們樂團有一場馬勒千人音樂會，方便來聽的話，我可以留兩張票給您喔！」

　　有善意總是會有回報的，我這樣安慰自己。這就是一種談判，交換不等值的東西，讓雙方達成協議，各得利益！

　　一位具有 30 年經驗的美國 FBI 談判專家在他的著作中寫到：

　　某律師公會邀請他去講授談判課程，但預算可能跟我們政府機關能給的一樣低，這位談判專家直接表明價錢實在差太多，恐怕無法接下課程。這時律師公會的承辦人靈機一動，提出一個利益交換的建議：「老師，我知道我們的預算實在很低，雖然這

已經是能力極限了，但我們實在很想邀請像您這樣的專家來替我們上談判課。這樣好不好，如果您可以來幫我們公會的律師們上課，我跟您保證，下個月我們律師公會的期刊封面，就用您的照片，您說好嗎？」

　　親愛的讀者，換成是你，接不接這個價錢差很大的律師公會邀課呢？

　　再者，您覺得這位 FBI 的談判專家會願意接受這樣不對等的利益交換嗎？您的想法我不知道，但這位談判專家接受了。他接受的理由很有意思：「因為這樣子我就可以回家跟我老媽說：『媽，妳兒子的照片登上律師公會期刊的封面了喔！』」

　　談判原則上要有底線，但是底線並非一成不變，隨著情境、局勢、敵我權力消長的變化，為求最大利益，底線可以有些彈性。

　　若是有一天，台積電、微軟、Amazon 或 Apple 找我去講談判課，如果要對課酬進行談判的話，我應該也不會太堅持底線！因為我也可以回家跟老媽說：「媽，妳兒子今天去台積電講課喔！」您說，談判是不是一種「不對等利益交換的創意思維」呢？談判，很有趣吧！

五、「物」的談判元素

💬 資源（Resource）

指的是實力與籌碼，包括金錢、物質、專業、人力、人脈、管道、能力及行為……

💬 資訊（Information）

談判是一場「資訊戰」（Information War）！掌握到關鍵或重要的資訊，往往能以小搏大，因此，知彼知己、搜集資訊至關重大。

《孫子兵法》也強調運用間諜、搜集資訊的重要性：「故用間有五：有鄉間，有內間，有反間，有死間，有生間。五間俱起，莫知其道，是謂神紀，人君之寶也。」（用間篇 13）

間諜的運用有五種，所謂「鄉間」，是指利用敵人的鄉民鄉人做間諜；所謂「內間」，就是利用敵方官吏做間諜；所謂「反間」，就是使敵方間諜為我所用；所謂「死間」，是指製造散布假情報，透過我方間諜將假情報傳給敵間，誘使敵人上當，一旦事跡敗露，間諜難免一死；所謂「生間」，就是偵察後能活著回

來報告敵情的人。

這五種間諜同時用起來，使敵人無從捉摸我用間的規律，這是使用間諜神妙莫測的方法，也正是國君克敵制勝的法寶。

還記得 2016 年的「鴻夏戀」嗎？鴻海併購日商大廠夏普（Sharp）的簽約前夕，鴻海「忽然」收到一份「密件」，內載夏普欠債 3,500 億日圓（或有負債），而這些負債全不在鴻海認知的負債範圍內。

鴻海董事長郭台銘大怒，下令暫停簽約事宜，自此鴻海取得本次併購談判的優勢。這一份「密件」就是談判的關鍵資訊，可以讓談判的一方以小搏大，逆轉戰況。

標準

行走江湖，凡是都有一個標準。談判也是如此，就像前面提到望子成龍的 300 堂高爾夫球課，若家長堅持要提前解約，雙方可引用的標準是《補習班法》。

就連國內的賑災捐款，也都有一個標準在。例如 921 大地震及花蓮震災，若是台塑集團、鴻海集團、國泰金控都捐了 2 億元，則台積電、長榮、富邦等大企業，通常就會以 2 億元為上限天花板，提撥款項救災。其他企業亦按照這不成文的標準，依據自身的愛心與實力，不落人後，共襄盛舉。

💬 承諾

再怎麼樣，談判務必帶著白紙黑字的結論，拿個承諾好下談判桌！（給對手一條回家的路走，讓彼此有臺階下）

如果你……我就……（用承諾去影響對手的判斷和行為）

例 1：為實現朝鮮半島和平、繁榮和統一的板門店宣言

會談時間：2018 年 4 月 27 日

會談地點：南北韓邊界板門店南韓轄區「和平之家」

會談兩造：北韓領導人金正恩與南韓總統文在寅

南北韓共同聲明：（南韓和朝鮮，以下簡稱：韓朝）

1. 韓朝將盡快促成高級別會談等各領域的對話和談判，設法落實首腦會談達成的共識。

2. 韓朝將在開城地區設立雙方官員常駐的韓朝共同聯絡事務所，以期加緊官方協商並確保民間交流合作順利進行。

3. 舉行韓朝紅十字會會談協商離散親人團聚等問題，2018 年 8 月 15 日將舉行離散親人團聚活動。

4. 停止一切相互敵對的行為，保證互不侵犯。自 2018 年 5 月 1 日起，停止軍事分界線一帶一切敵對行為，將南北韓非軍事區轉成和平地帶。

5. 在 2018 年年內宣布結束戰爭狀態，推進停和機制轉換，為建立牢固的永久性和平機制，努力促成韓、朝、美三方

　　會談或韓、朝、美、中四方會談。

6. 南韓總統文在寅於 2018 年秋天訪問平壤。

（摘自維基百科）

例 2：第一次川金會後，聯合發表四大聲明

1. 美國和北韓致力建立新的美國北韓關係，以符合兩國人民
　　對和平與繁榮的期望。

2. 兩國將共同努力打造朝鮮半島上的穩定和平政權。

3. 再次確認於 2018 年 4 月 27 日締結的「板門店宣言」，
　　其中北韓承諾朝著朝鮮半島澈底無核化而努力。

4. 美國和北韓將致力尋回戰俘遺體，並立即歸還那些已確認
　　身分的遺體。

（摘自蘋果日報）

　　談判的五大元素：人、事、時、地、物，各有 4 個重點，合
計共 20 個談判重要關鍵字，你記住了嗎？背不起來也沒關係，
真要上桌談判前，再把五大元素的總表圖拿出來臨陣磨槍，不亮
也光，相信對任何領域的談判，都會有所助益。

　　最後，我要用一個自己親身經歷的公安意外事件理賠談判，
匯整上述談判的五大元素，做為本書最後一個談判案例分享。

談判的五大元素

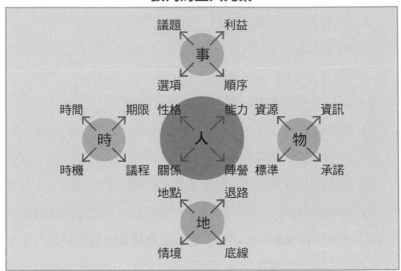

談判案例

知名大賣場的「週末暗夜喋血事件」——公安意外理賠談判

如果到知名大賣場購物，因為踩到地板上的不明液體，滑倒重摔後造成胝骨骨折、左臀、左腿挫傷，醫生建議你至少休養六個月，你會跟大賣場求償多少？

如果知名量販店的保全人員，在推一長串手推車時不慎撞到你，造成你右臂、右膝與右髖部受傷。你的反應會是什麼？

如果到知名酒店參加婚宴，因坡道太陡而滑倒，造成左踝骨折，你的處理方式如何？

　　如果到知名國際連鎖咖啡店喝咖啡時，牆壁上的掛畫突然掉落，砸傷你的左肩、左肘，你又會如何求償？

　　以上四個情境，都是發生在臺灣的真實案例，對一般人而言，那只是在電視或網路上看到關於公安意外所造成消費者糾紛的新聞報導。但沒想到這樣血淋淋的景象，有一天會真實地發生在我身上。

　　2013 年 9 月 7 日晚上七點五十分，我開車去新北市某知名大賣場用餐，當車子開到停車場六樓時，找不到車位（週六晚上通常是人潮最多的時刻），於是只能開往七樓的天台碰運氣。總算停好下車要往賣場走時，才赫然發現頂樓整層無論內外居然完全沒開燈，只能在黑暗中行走。

　　當我由停車場要進入賣場時，不慎撞上賣場的玻璃門，破裂的眼鏡割破了我右眼眉毛上緣的血管，當場如水龍頭被打開般地血流不止。經由賣場安全經理協助，緊急將我送到距離賣場最近的新光醫院掛急診，在急診室裡等了快 2 小時，才輪到我進行約 20 幾針的臉部縫合手術，待到接近凌晨才得以回家休息。因為是遭受撞擊的撕裂傷，臉腫得跟豬頭一樣，而我表弟的婚禮剛好辦在隔天週日中午……

　　大賣場的安全經理坦承，為節省電力及人力成本，七樓未能及早開燈，入口處並沒有放置提醒駕駛的告示牌，也未派員管制停車流量，造成我的意外受傷，表示十分抱歉，並會負責到底。

　　事後要求大賣場賠償我六個月薪資的精神慰撫金，但對方堅持

只願意賠償醫藥費用及眼鏡費用，雙方陷入僵局，兩造開始進行談判協商……

2013 年 10 月 14 日下午進行第一回合談判，大賣場負責樓管安全的何經理，帶了一位外商產險公司的理賠專家——保險公證人陳先生來拜訪拆線後臉部紅腫瘀青、留下兩道傷口疤痕的我，商談賠償事宜。

何經理首先承認大賣場的確有疏失過錯，並一再強調解決問題的誠意及用心（軟出牌）。當我對此表達感謝之意時，保險公證人出手了。陳先生表示，他在保險業界有 20 多年豐富的理賠經驗，值得信賴，並表明自己工作以來一直秉持著公正第三人的立場，並不是自己要賠錢，只是要有所依據寫報告給外國的總公司參考而已！

我臉上縫了 20 幾針的傷，在他的經驗來看，其實只算是小 case 而已，他見過更嚴重的案子，例如當事人用「通樂」通馬桶時，發生不慎噴出毀容的慘事，試圖淡化我的「小傷」案子。我很訝異地同情意外受害者，看著餐廳牆面的鏡子，確定我的臉還在，聽公證人繼續說下去。

他善意地警告我，根據他的經驗，有的 case 談判破裂，告上法庭，最終法官判賠 0 元。例如之前有人在大賣場自己無故跌倒受傷，堅持要提告，拖了很久最後官司敗訴，一毛錢都拿不到的案子比比皆是，因此他的良心建議是「得饒人處且饒人」！

不愧是經驗老到的專業保險公證人（軟中帶硬），陳先生表示，

他親自到現場勘驗過，雖然大賣場事發當晚頂樓整層未開燈確實不對，但我未在黑暗中提高警覺專心走路，導致撞上玻璃門的流血事件發生，也有過失，難免要負些疏忽的責任。

接著他拿出核算的理賠金額，除了大賣場已支付的重配眼鏡費用，願意再賠償約為醫藥費的 2 倍金額：新臺幣 6,580 元。這就是保險公證人所認定合理的最終賠償價值，和我提出要求 42 萬元的「精神慰撫金」差了近 64 倍。

陳先生質疑我對「精神慰撫金」的算法，他「故意或過失」地忽略了《民法》第 184 條第 1 項規定：「因故意或過失不法侵害他人之權利者，負損害賠償責任。」談判時，對方的言談避重就輕，只挑對他自己有利的部分進行說明闡述，本屬人之常情，原則上我們不必太過動怒嚴詞以對（雖然做到這點並不容易），甚至於翻桌走人。控制情緒，管理怒氣，是成功談判者的重要性格或能力之一。

以下是我以條列式的論述，回應對方開出的賠償金額新臺幣 6,580 元：

1. 我是每天要上臺授課的講師，臉部受撞擊，腫得跟豬頭一樣，影響工作形象甚重，雖然現在傷勢漸癒，但我的身心受創，尤其已在臉上留下難以抹滅的疤痕。

2. 請對方拿出同理心，通常會說出「得饒人處且饒人」的，是因為疤痕並不在自己或家人的臉上。

3. 我承認自己在黑暗中撞上玻璃門也有過失，願意按賠償金額

比例分攤責任。

4. 表明相信保險公證人陳先生的專業和誠信，只是雙方立場想法不同。

5. 本人並不在乎法官不判賠，因為沒有比受傷破相、身心受創更糟的事了！我只求一個公平正義，要大賣場負擔應得的懲罰及代價，並給予教訓，希望以後不會再有「只因店家想省電費而發生公安意外的受害者」。

6. 我雖然是一位教授談判課程的專業講師，但這不代表我有多會或多願意談判，非贏不可。事實上，「打開僵局，尋求雙贏」始終是我談判的價值觀，只求確保個人受到《民法》第195 條保障的權益：「不法侵害他人之身體、健康、名譽、自由、信用、隱私、貞操，或不法侵害其他人格法益而情節重大者，被害人雖非財產上之損害，亦得請求賠償相當之金額。」

7. 索賠的 42 萬元，是基於本人當時底薪約 7 萬元乘以 6 個月所計算，預估身心受創恢復的療傷期約為半年。

8. 對方提出的賠償金額，本人完全不能接受，強烈表達談判不成便到法院提告的意願和決心！雙方對於「精神慰撫金」的定義及賠償依據標準落差甚大，無法達成共識，談判破局。

2013 年 11 月 1 日，原班人馬進行第二次協商，對方仍主張最多只能負擔雙倍的醫藥費，我斷然拒絕。之後公證人陳先生電話通知，願意支付精神慰撫金 25,000 元，在忍無可忍的情況下，

我向消保會提出了第一次申訴。

　　我試著聯絡大賣場公關室的黃先生請求協助，獲得其承諾會去瞭解處理本案。後來公關室黃先生來電表明已盡全力協調，爭取到大賣場願賠償從 2 倍增加到 12 倍的醫藥費共約 36,000 元做為精神慰撫金，但仍與我要求的數字差距甚遠，我因而婉拒。

　　2013 年 12 月 11 日，我寄出三封掛號信給大賣場總經理室、法務室、公關室請求協助處理，但毫無回應。於是我在 12 月 23 日正式向新北市地檢署提出大賣場總經理、店經理及安全經理等三人之「業務過失傷害」刑事告訴，試圖逼總公司派員出來參與談判。《孫子兵法・虛實篇》說：「故我欲戰，敵雖高壘深溝，不得不與我戰者，攻其所必救也。」（大賣場的總經理就是「其所必救」）

　　2014 年 1 月 6 日，新北市法制局周消保官召開第一次協商會，我及大賣場安全經理何先生、公關室黃先生、公證人陳先生出席，但現場仍未達共識，對方同意攜回研議。

　　十天後，新北市地檢署第一次刑事庭，安全經理何先生、大賣場總公司派來的律師代表出席，針對檢查官訊問為何於週六巔峰時間停車場不開燈、不設柵欄、不加派人手一事，大賣場的律師面有難色，毫無招架之力，只能承認賣場人員的確有業務疏失。在檢察官的建議下，雙方同意先在調解委員會進行後續賠償事宜的談判協商。

　　1 月 21 日，新北市法制局周消保官召開第二次協商會，當時

我心想，若是能在這協商出雙方能接受的結果，我就直接撤銷告訴。但出乎意外地，大賣場竟無人出席，亦未事先通知我與消保官，消保官打電話去問，對方僅在電話中告知：「因本案已進入司法程序，所以不克出席。」

沒想到對方連消保官都不放在眼裡，令人不禁「佩服」其膽識。果然如同之前請教曾與該大賣場打過官司的律師同學所說：「對方不怕你告，因為他們被消費者告的經驗十分豐富。」由於我當天是向公司請假出席，對於被放鴿子一事十分火大，本想直接通知檢察官取消調解流程，直接跟對方在法庭一決生死，但律師同學給我的建議是：「如果你這樣做的話，檢察官會覺得你是問題製造者（Trouble Maker），反而留下不佳印象，這對於訴訟案是扣分的。」

這番話真是一語驚醒夢中人！我覺得律師說得很有道理，畢竟檢察官並不知道對方放我和消保官鴿子，就算知道了，他也無法體會我不爽的心情，若是就這樣直接上法庭，反而顯得我無理不配合。因此打消一時衝動的念頭，靜待調解日的到來。談判者需掌握自己的情緒，控制自己的怒氣，千萬別被對方操弄心情，敗在自己的情緒管理，因小失大，得不償失。

2月6日一大早，忽然接到新北市法制局消保官的通知，他剛在新北市法制局的官網上發布了我這件案子的新聞稿，所以今天應該會有很多媒體要來採訪我。當我還半信半疑搞不清楚怎麼回事時，就接到了《聯合報》記者的電話。整天從上午九點開始，

包括《蘋果日報》、《中國時報》……等平面媒體的記者，陸續打電話來要採訪我；而台視新聞的現場採訪，則直接在晚間新聞播出。同時，當天《聯合晚報》也登載了我這個「小蝦米對大鯨魚」的新聞。

後來才知道，原來各大媒體的記者都有駐點在新北市政府，在眾多消費糾紛或公安事件中，只要是消保官放上官網的案例，都是特別重要、值得關注的事件，原則上他們一定會來採訪。大賣場之前放我和消保官鴿子，因此「榮登」一月份不到場協商業者名單。

3月5日，華視新聞主播蘇逸洪在晚間新聞中專題報導了關於我的採訪內容，「賣場未開放樓層無柵欄，顧客誤闖受傷！」就在一週後，我和大賣場的調解會議，正式展開。

3月12日，新北市板橋區調解委員會的「最終協商談判」，調解委員邱先生是一位資深的退休里長，一開始就向我抱怨，光是這個調解委員會，一年就有六千多件的調解案件，業務十分繁忙，我跟他說：「您真是辛苦了！」

大賣場派出了龐大的談判團隊，包括總公司的大律師、公關室經理、分店樓管安全經理，以及號稱是談判專家的保險公證人，而我只有自己一個人應戰，看似一夫當關。

雙方面對面坐著，調解委員坐中間的陣勢，在委員做了簡短的開場白之後，談判正式開始。對方律師首先出牌：「鄭先生，我們很有誠意要來跟您談協商理賠事宜，但您的要求金額 42 萬元

實在是太高了！公司在參酌之前的案例，審慎評估後，願意賠償您從 36,000 元增加一倍到 66,000 元，六六大順也是祝您早日康復，平安健康。這是我們最大的誠意了，希望您能接受。」

差了將近七倍的理賠數字，讓人很難接受，我直接向調解委員表達拒絕之意，堅持既定的理賠目標。對方見狀，要求到外面討論，跟總公司回報目前的情況。會議室裡剩下我跟調解委員邱先生，他小聲地跟我說：「鄭先生，我看對方也滿有誠意的，你看要不要湊個整數 10 萬元，等一下我來幫你談！」

我感謝他的好意，但談判才剛進行不久，還是想繼續努力爭取自己的權益。30 分鐘後對方進場，表明增加理賠金額真的有困難，但已盡力幫我爭取到 8 萬元的上限，請我能體諒他們的努力和難處。

我還是搖搖頭說：「NO!」雙方陷入僵局。這時調解委員邱先生拉住我，在紙上寫了一個數字「12（萬）」，並問我：「就這個數字，我來努力幫你跟對方談談看，你覺得好嗎？」

當下我的直覺是：「現場原本是一個打四個，我不能讓局面失控為一個打五個，我得給調解委員面子，這個數字雖然不漂亮，但已經增加到兩位數，也是一開始對方叫價的兩倍，也許可以接受了。再糾纏下去，若今日談判破局，上法院又不知要打官司到何年何月。重點是邱先生應該會站在我的立場，努力幫我爭取權益的！」

人有時候不是只跟對手談判，更多的時間是在跟內心的自我進

行對談，進而轉化為外在的言行舉止或做出決定。於是我面露難色，很不情願地回覆調解委員邱先生：「好吧！既然您都這麼說了，那就麻煩您了。但這數字和我的預計實在是差很大，所以要是對方再不接受，今天就不好意思讓您白跑一趟了，感謝您！」話一說完，他就請我先離開會議室到外面等候，讓他來好好跟對方的談判團隊談判一下。

站在會議室外面，不時聽到裡面的激烈攻防，大賣場的談判代表們不怕被我聽到，一再重複大聲地說：「恐怕有困難，真的辦不到，已經盡力了，實在是底線！」調解委員也義正辭嚴地要他們再打電話回去爭取，看有沒有機會讓這件事趕快和平落幕。此時站在門外的我，突然有一種「不祥」的預感：這數字應該成了，對方這次一定會答應！

30 分鐘的等待是漫長的，只見調解委員帶著欣喜滿足的表情，衝出會議室對我說：「鄭先生，恭喜你，對方答應了你的要求！」我故作鎮定地表示感謝。坦白說，當下的心情是有些複雜和懊悔的，也許該多堅持些，如果再多撐一下，是不是就能完成我的既定目標，或是更接近些？

這就是人性，永遠嫌不夠！就像房子買賣的雙方，當彼此終於達成協議，拍板定案的那一刻，除了表面的喜悅之外，買方心中想的通常是：「哇！我會不會買貴了？他怎麼那麼快就答應了這個價錢？我應該再多殺一些價才對！」

而賣方的瞬間念頭也常是：「我的房子是不是賣得太便宜了？

也許我應該再更堅定地鎖住原本預計的價格吧？我的房子可能不只這個行情喔？」

無論如何，一定要記住，談判時「兵不厭詐，拚命廝殺」；成交後「互相恭喜，共好雙贏」！

談判最難學的四個字，就是「**見好就收**」。但是什麼才算「好」？如何才能「收」？這不只是談判技巧，也是談判的涵養與智慧，更是一種人生價值觀。雖然內心有些矛盾的對話，歷時長達半年之久的談判，總算有了不滿意但可以接受的結果，對雙方而言，這都是一種解脫，也算是和平落幕。

當我緩步地走進會議室，調解委員向雙方宣布本次調解成立：聲請人（大賣場）將給付 12 萬元的損害賠償金予對造人（本人），恭喜調解圓滿結束。

然而就在此時，聲稱是談判專家的保險公證人突然提出要求：「希望將之前已賠償對造人的醫藥費及眼鏡費用共 15,185 元，從這筆理賠金額中扣除。」我聽了火冒三丈，正要發作時，沒想到調解委員邱先生動作更快，直接斥責對方少說這些有的沒的，說好 12 萬元就是 12 萬元，沒有什麼好扣除的。

當下我的感覺是，出來江湖行走，人情和面子總是有來有往，剛才我爽快地接受邱先生寫在紙上的建議，現在則是他對我的回饋及支持，心中不禁多了幾分溫暖和感激。

然而正當我要簽署調解筆錄時，大賣場的律師張小姐提出了一個讓人驚訝的不情之請：「鄭先生，感謝您接受我們公司的最大

誠意。因為這是本公司這類案件有始以來賠償最多金額的一次，而且我知道您是教授談判的專業講師，是不是可以麻煩您幫我們簽一個保密條款，請不要在之後您的談判課堂上，提到本公司這次和您達成的調解結果好嗎？」

　　這下我真的怒了！理賠金額是調解委員給我的建議，是在非常勉強的情況下接受了這樣不盡理想的賠償數字，那是因為不想再做長期抗戰的準備，若調解破局，則最終賠償結果將遙遙無期，這不是我所樂見的，因此在很為難的情況下，追求速戰速決後的心靈平靜，也是一種難得的價值。但若是要我簽保密條款，禁止我在課堂上提及這次的公安理賠談判案例，不僅是一種過分的要求，說嚴重一點，這對於身為談判講師的我，甚至是一種羞辱！

　　雖然調解委員此時開口幫對方說話，強調不過就是簽張保密條款，實在無妨，這只是個形式，到時就算我在課堂上提到本次的理賠事件，對方也無從查證。調解委員的說法原則上是對的，但此時的我已無法想太多，只覺得「是可忍，孰不可忍」，情緒左右了當下的理性，我堅定明確地大聲表示：「絕不簽保密條款，寧可破局法院見！」（談判硬出牌──先聲奪人）

　　對方的談判團隊整個被我嚇到了，沒想到一直看來溫文儒雅的我，竟有如此大的反彈，律師噤若寒蟬，不再多說什麼。就這樣雙方順利地簽好調解筆錄，完成了「週末暗夜喋血事件」的談判協商。走出板橋區調解委員會大門，鬆了一口氣，有感而發地在FB打了卡：「世間多少事，盡付談判中！」

大賣場公安意外事件理賠談判的十個「小談判，大啟示」：

1. 性格：

試著問自己，如果不幸遇到這樣的公安意外，你會如何處理？是自認倒楣，還是要為自己討個公道？若是後者，你又願意付出多少時間和精力，去爭取自身的權益呢？曾有好朋友建議我：「Leader，得饒人處且饒人，其實你臉上的疤看不大出來，還好嘛！」

我能理解朋友的好意勸告，然而會有這樣的說法，可能因為這道疤並不在他本人或家人的臉上。同理心說來簡單，但真要能將心比心、換位思考，實非容易的事，這本來是一門人生的重要課題。

事實上，一定有人可以接受大賣場最初提出的條件，即「醫藥費的 2 倍金額」，甚至一盒水果、一個誠意十足的登門道歉，都是一種可能的結果。同樣的，不滿意就堅持告到底，得理不饒人的也大有人在。

正所謂「一種米養百種人」，因此上談判桌時，總有先聲奪人的硬出牌，姿態擺很高，非贏不可，然而到最後可能會筋疲力竭，傷害彼此感情。反之，若是軟性的談判者，在乎良好關係的維繫，卻容易被對方得寸進尺，談判結果常被占便宜，感覺自己很窩囊，難受想哭。性格不只決定命運，往往也影響到我們的行為或是談判策略！

2. 能力：

第一次和大賣場談判代表見面時，我就清楚地對「聲稱有二十年豐富產險理賠經驗」的陳姓保險公證人表明，我是位教談判的講師，當然這不表示我一定很會談判，有多厲害，只想讓對方知道，我具備一定的談判能力和談判素養，請對方別輕忽我在談判上的韌性及專業度。

同時，我不是來逞凶鬥狠的，而是要爭取身為一位受傷消費者所應有的權益。《孫子兵法》說：「殺敵者，怒也。」所以我一直保留著受傷當天晚上看來慘不忍睹的照片，以保持怒氣，維持反擊的情緒和能力。

3. 資源及資訊：

除了談判能力有強弱之分，「資源」與「資訊」也是準備談判的重要元素之一。

在人的「資源」部分，當我臉上的傷口剛拆完線沒多久，準備進行初步談判之前，我請教了幾位當律師的老同學，瞭解類似的公安事件，法院是否有判例可循？

而正當準備向法院提出「業務過失傷害」訴訟之際，也從同學口中得知，我的談判對手習於跟當事人在法院纏鬥，原則上不會顧忌品牌形象而輕易妥協，算是個談判桌上的狠角色。雖然這讓我感到有些訝異，但更讓我知彼知己，另謀對策。

此外，當我發現大賣場的公關室並未好好處理這件公安危

機時，我也直接請教了在媒體業工作多年的大學同學，看能否透過新聞媒體的採訪，為我這個市井小民喉舌。沒想到才剛放下電話，《壹週刊》的記者便來電說：「奉總編輯指示，要約見面做公安意外事件的專訪。」嚇了我一跳，這效率也太高了吧！但念頭一轉，想想自己若是為了這樣的小事而上《壹週刊》值得嗎？實在犯不著輕易動用如此殺傷力強大的資源。於是我只把這通電話放在心裡，當作一個虛張聲勢，備而不用的隱藏版籌碼。

而我的老師——和風談判學院的劉必榮教授，及擔任調解委員的學長，也在談判及和解處理事宜的專業與經驗上，提供了相當寶貴的想法及建議。

至於物的「資源」，記者專題採訪登上平面報紙和電視、新北市政府法制局消保官召開協商會的公文函、新北地方法院檢查署的刑事傳票……等等，都是我跟對手談判周旋的有力資源。

而在「資訊」方面，如果你知道對手不知道的事，或是掌握到他們不想讓你知道的資訊，你就有機會扭轉乾坤，反敗為勝！「資訊」是贏得談判的重要因子，取得對方不想讓你知情的關鍵情報，就能釐清致勝的關鍵，找到成功的方向。

譬如因為消保官登在新北市政府官網上的新聞稿，讓大賣場登上「一月份不到場協商業者名單」，就是我藉由媒體記者採訪所得到的重要資訊，由此可感受到消保官和大多媒體記者對我這個受害者的善意和支持，讓我對於這次的談判更有信心，告訴自己一定要堅持下去。而搜集到平面媒體剪報「近年公安意外消費

者求償的判決」，也讓自己的心情更篤定踏實，了解自己的要求是符合近來法院判例的結果。

《孫子兵法・始計篇》提到資源與資訊的重要：「夫未戰而廟算勝者，得算多也；未戰而廟算不勝者，得算少也；多算勝，少算不勝，而況於無算乎！吾以此觀之，勝負見矣。」

在打仗或談判之前，先掂掂自己的斤兩，盤算自己所掌握的資源與資訊，是否有足夠的籌碼打贏這場戰爭？籌碼多的占優勢、勝率高，籌碼少的則屈居下風，很可能吃敗仗，何況完全沒有資源和籌碼呢？

表面看來，大賣場應該資源比我豐富很多，這是一場小蝦米對大鯨魚的戰爭。但我努力善用資源，搜集有利資訊，而不至於完全受對方操控，在談判桌上放手一搏。

4. 選項：

人生路上，總有許多不同的「選項」，談判也是如此！以理賠金額為例，大賣場陣營願意付出的金額，從一開始醫藥費的 2 倍金額（新臺幣 6,580 元），精神慰撫金新臺幣 25,000 元，12 倍的醫藥費共約新臺幣 36,000 元，在調解委員會增加一倍到新臺幣 66,000 元，最後同意給付新臺幣 12 萬元。

我一開始要求六個月的薪資新臺幣 42 萬元，隱藏在心中的其他選項是三個月的薪資新臺幣 21 萬元（打對折），或是約當六個月的基本工資新臺幣 12 萬元，最後接受調解委員的建議，

新臺幣12萬元。調解委員第一次建議的新臺幣10萬元不被接受，第二次建議新臺幣12萬元即為最終調解成功的數字。

若從我的立場來看，最終理賠金額從原本要求的42萬元驟降為12萬元，帳面上被對方足足砍了30萬，這似乎是一場失敗的理賠談判。但若從大賣場的角度來看，從一開始只願意理賠的兩倍醫藥費6,580元，到最終共理賠了新臺幣135,185元（含眼鏡費用），是原來開出金額的20.5倍，又似乎是大賣場做了極大的讓步。再換個角度思考，一半新臺幣加一半大賣場發行的禮券，也是談判雙方都可能提出的一種選項。

坦白說，一籃水果加上誠心的道歉，和大賣場進行理賠談判、向消保官求助、寄發存證信函給大賣場、到法院按鈴控告、上媒體雜誌宣傳訴苦、找民意代表喉舌協商、跑去大賣場總公司門口綁白布條抗議，甚至請黑道勢力從中協調，都是一種談判的選項。

也許多管齊下，或是擇優進行，在準備談判前或是談判過程中，我們都會面臨許多選擇，需要審慎評估，三思而後行，看何種選項是最可行且最有利於自己，堅持下去，勇敢前進。

5. 底線、心錨：

每個人的心中，都有一把尺！

上談判桌時，人們都帶著自己的一套標準，或是在心中畫出一道底線，這是對手不可輕易逾越的一道鴻溝，有時也是談判成

功與否的關鍵。

　　「底線」未必是完全不可改變的，但它絕對是影響我們最終做決定的重要標準。套用神經語言學（NLP）的專業術語，底線也可以說是在談判時，為自己下了心錨，增強自己的意志與信念，幫助自己守住原則，不輕易讓步。

　　以本案為例，在準備上談判桌前，我跟一位非常尊敬的前輩聊及此事，他聽完我的故事便說：「如果我是對方，就用 6 萬元來解決這件糾紛。」

　　有趣的是，就從那天起，「6 萬元」就成為我的心錨，這金額成為我的談判底限。在談判時，問問自己，你心中的那條線畫在哪裡？帶著較堅定的底線上桌，通常會有較理想的談判結果，不信你試試！

6. 標準：

　　談判前請教幾位律師老同學，除了參考相關法條[註1]，也搜集了法院近年公安意外消費者求償的判決案例[註2]，綜合匯整資訊所得到較合理的理賠金額，落在新臺幣 5 萬元到 15 萬元之間，最多不會超過 20 萬元。在審慎評估之後，心中便有了一個數字概念，讓自己可以據理力爭而有所本。

　　至於理賠的基準，是用「受害者的薪資」或「社會新鮮人的基本薪資」乘上 3 或 6 個月所得金額，還是依照「大賣場之前類似理賠事件的賠償金」，或是以「法院近來真實判例的數字」為

標準，這是談判雙方要努力討論協商的議題，公平合理很重要，但要如何尋求真正讓人較心服口服的結果，就看誰能舉出較具公信力的證據或標準了。

7. 時間及時機：

談判時常要考慮到「時間因素」，問自己：「有沒有時間跟對方糾纏下去？」、「相較之下，誰比較急？」、「有沒有和對方拖時間的籌碼或本錢？」⋯⋯把握正確精準的「時機」出牌，則是談判成功的重要因子。

以本案來說，當很多媒體因為消保官將本案公布在新北市政府官網上，而爭相來專訪我，此時絕對是個談判的好時機，正所謂「順勢而為，打鐵趁熱」！輿論的壓力在對方身上，把握時機，才有機會得到更多。「**十年河西，十年河東；看準出手，見好就收！**」這是談判謀略，也是人生智慧。

8. 陣營、談判團隊：

從第一次談判，大賣場派出保險公證人和賣場安全經理 2 位代表，到最終調解委員會時，再加上公關室經理及總公司的律師共 4 人上談判桌應戰，而我始終是單槍匹馬，一人面對。

人多好辦事，或是人多嘴雜，要看這個談判團隊的專業分工是否縝密到位，誰是主談者？誰來記錄談判內容？誰負責策略支援？誰要做好後勤補給？又是誰去聯絡相關人員？事實上，談判

團隊的內部溝通是否順暢無礙，對於談判團隊的戰力，有非常重要且深遠的影響。若是一個人上桌談判，一定要盡可能地充分準備，在對手面前展現自信與決心，輸人不輸陣。

9 談判收尾的回馬槍：

當雙方談好賠償金額，準備簽訂調解筆錄以結束本案，一切看來撥雲見日之際，大賣場提出過兩次額外的要求：第一次是當公證人提出賠償金額的 12 萬元，應將之前已給付「醫藥費及眼鏡費用」的 15,185 元從中扣除時，引起我的不滿。

正準備翻桌之時，調解委員搶先一步跳出來大聲嚴厲地斥責對方別要小手段，說好 12 萬元就是 12 萬元，他要對方的保險公證人要搞清楚狀況，別找麻煩。

第二次是對方律師要求我簽署保密條款，我直接嚴正地拒絕，並清楚表明破局的意願。縱使調解委員此時換站在對方的立場，幫忙求情，但我仍不為所動，對方也只能作罷。

大賣場這兩次的要求，都算是談判上的回馬槍，即在談判結果接近圓滿完成之際，簽約之前，其中一方突然提出額外的「小小要求」，希望對方能滿足。

例如房屋買賣雙方在簽約之際，有時買方會跟賣方提出「家具是否可以留下？」、「窗簾跟我的家具很搭，能不能留下來給我使用？」等要求，試探賣方的底線。如果這家具不是祖傳的，也非義大利進口的，或是賣方不想帶走的，則買方通常能如願以

償，多拿一些。

只是大賣場的這兩次「回馬槍」，讓我一次比一次更火大，結果就無法如其所願！如果你能知彼知己，清楚了解對方的習性和處境，就可以更精準地做出正確的要求與回應。

10. 知足滿足，見好就收：

前面說過，我並不想繼續跟大賣場纏鬥下去，曠日費時，一旦談判或訴訟的程序拖久，時間必然不站在我這邊。因此當調解委員在紙上寫下 12（萬）的數字時，我當下便做出重要的決定：「不如給調解委員一個面子吧！等下他就算沒幫我，應該也會比較保持中立才對。在這談判桌上，我已是處於人數上的弱勢，若對方贏得了調解委員的關注和支持，則如虎添翼，局勢對我而言勢必不利。」

我告訴自己：「對方已經增加到 20.5 倍了，不如見好就收吧！」其實我們常常自己跟自己在進行內部談判。

滿足和知足，如何見好就收，不只談判時要特別留意，這更是一門人生功課！

（**註 1**）根據《民法》第 194 條規定：「不法侵害他人致死者，被害人之父、母、子、女及配偶，雖非財產上之損害，亦得請求賠償相當之金額。」故以上所列之家屬，得向加害人請求精神賠償，即一般所稱之慰撫金。」

另依《民法》第 195 條規定：「不法侵害他人之身體、健康、名譽、自由、信用、隱

私、貞操，或不法侵害其他人格法益而情節重大者，被害人雖非財產上之損害，亦得請求賠償相當之金額。其名譽被侵害者，並得請求回復名譽之適當處分。前項請求權，不得讓與或繼承。但以金額賠償之請求權已依契約承諾，或已起訴者，不在此限。前二項規定，於不法侵害他人基於父、母、子、女或配偶關係之身分法益而情節重大者，準用之。」

被害人亦得請求精神賠償。而精神賠償金額之多寡，目前法院係以被害人及加害人的地位、家境、經濟能力與被害人所受之痛苦程度，與家屬的關係及其他一切情事，定其數額。

根據《消費者保護法》第 7 條規定：「從事設計、生產、製造商品或提供服務之企業經營者，於提供商品流通進入市場或提供服務時，應確保該商品或服務，符合當時科技或專業水準可合理期待之安全性。商品或服務具有危害消費者生命、身體、健康、財產之可能者，應於明顯處為警告標示及緊急處理危險之方法。企業經營者違反前二項規定，致生損害於消費者或第三人時，應負連帶賠償責任。但企業經營者能證明其無過失者，法院得減輕其賠償責任。」

（**註2**）2009 年有一名陳姓婦人走出屈臣氏藥妝店店門，踩到屈臣氏藥妝店沒貼好掉在地上的「週三到屈臣氏滿額享九折」促銷海報，光滑的海報致使陳姓婦人在騎樓當場滑倒，造成左側臏骨骨折受傷，臺北地院判屈臣氏須賠償陳姓婦人 21 萬餘元。

2008 年消費者於知名酒店參加婚宴滑倒，造成左踝骨折，訴請賠償 238 萬元，2010 年法官認定坡道太陡，但審酌店家有設警語，判決賠償 19 萬元。

2011 年臺北市火鍋一氧化碳中毒事件，五名受害者事後求償 1300 多萬元，2013 年法院判決賠償 748 萬元，其中 370 萬元為「懲罰性賠償」，原因是店家並未提供客戶安全的消費環境。

2011 年大賣場員工運送手推車撞傷消費者，導致腰椎外傷，消費者求償 1,293,000 元，2012 年法院判員工與賣場連帶賠償醫療用品費，工作損失及精神慰撫金等共計 139,000 元。

遠東愛買量販店保全人員，推一長串手推車，撞到女顧客，造成顧客右臂、右膝與右髖部受傷。事情發生時，愛買量販店派員陪同顧客就醫，然事後，顧客表示受傷後恢復有限，要求愛買量販店賠償精神慰撫金 10 萬元。

一名女子到大潤發購物時，踩到地板上的不明透明清潔劑液體，滑倒重摔後醫師診斷造成胝骨骨折、左臀、左腿挫傷，建議宜休養六個月。女子因此向大潤發求償一個月薪資與六個月醫藥費共 20 萬元，但經多次協商業者只願賠 10 萬元。

女子到星巴克喝咖啡時，牆壁上的掛畫突然掉落，砸傷女子的左肩、左肘，事後控告店長業務過失傷害，臺北地檢署認為店長有管理疏失，昨將她起訴。

結語

老子在《道德經》第 44 章說：「知足不辱，知止不殆，可以長久！」

懂得滿足，節欲不貪，就不會受到困辱；懂得適可而止，知所進退，就不容易陷入危險。（談判要留一條路給對方走，也要幫自己找到回家的路）

最終得以綿延不絕，長存久遠。（維護個人的長久利益，或維繫談判雙方的長遠關係）

談判這件事，「**追求利益，盡力爭取；想要全拿，啥都沒有；不求全拿，但得更多！**」

「談判力，就是你的超能力！」本書想要分享的，不只是談判的概念、觀念、技巧、話術、心法、策略、謀略⋯⋯，更是一種讓大地吹起煦煦和風，讓溫暖陽光照進來，正向的談判價值觀，希望您有些學習和收穫。

在此送給各位讀者一首詩，為做個本書小結：

手把青秧插滿田，

（上桌談判時，你得認真用心盡力地充分準備！）

低頭便見水中天；

（談判有時你得一忍再忍，為達目標，爭取利益而降低姿態，放下身段！）

六根清靜方為道，

（談判時深吸口氣，保持心理平靜和腦袋冷靜，不卑不亢，軟中帶硬有彈性！）

退步原來是向前。

（談判讓步是一種技巧，膽識和策略，拋磚要能引玉，委屈務必求全！莫忘初衷，才能有始有終，克盡全功！）

最後再奉上一幅對聯,感謝您與 Leader 及本書的結緣:

上聯:**有攻有守有準備**

談判無論進攻(推推看)或防守(擋擋看),都要充分準備,盡力而為,誰投入的心力較大,勝算較高,最起碼無愧於心,不留遺憾!

下聯:**莫急莫慌莫害怕**

有備而來,臨危不亂!就算是以小搏大,也無需妄自菲薄,恐懼退縮。對方既然願意跟我們談,表示我們一定有他想要的東西,善用自己的優勢,打一手好牌!

橫批:**見好就收**

這句話不僅是談判心法、態度,更是一種談判的價值觀,和人生學習的重要課題。

什麼叫「好」?多好是「好」?有沒有看到「好」?看到了「好」有沒有要「收」?願不願意「收」?能不能「收」?你通常是「適可而止」還是「得寸進尺」?

「得寸進尺」是人性,「見好就收」則是人性的考驗與修為,是一種談判的藝術和智慧,更是人生的一種境界,可能需要我們用一輩子去學習修練。但至少讀了本書,你知道了,體會了,就進步了。

感謝您的閱讀，讓我們一起學談判，培養超能力：

不求全拿，但得更多——雙贏談判力，越談越有利！

談判力就是你的超能力

從工作到生活，結合理論與實務，精闢解析談判五大元素，
一次學會 20 個談判致勝關鍵，現學現賣，即學即用

作　　　者／鄭立德
美 術 編 輯／孤獨船長工作室
責 任 編 輯／許典春
企畫選書人／賈俊國

總　編　輯／賈俊國
副 總 編 輯／蘇士尹
編　　　輯／高懿萩
行 銷 企 畫／張莉榮・廖可筠・蕭羽猜

發　行　人／何飛鵬
法 律 顧 問／元禾法律事務所王子文律師
出　　　版／布克文化出版事業部
　　　　　　臺北市中山區民生東路二段 141 號 8 樓
　　　　　　電話：（02）2500-7008 傳真：（02）2502-7676
　　　　　　Email：sbooker.service@cite.com.tw
發　　　行／英屬蓋曼群島商家庭傳媒股份有限公司城邦分公司
　　　　　　臺北市中山區民生東路二段 141 號 2 樓
　　　　　　書虫客服服務專線：（02）2500-7718；2500-7719
　　　　　　24 小時傳真專線：（02）2500-1990；2500-1991
　　　　　　劃撥帳號：19863813；戶名：書虫股份有限公司
　　　　　　讀者服務信箱：service@readingclub.com.tw
香港發行所／城邦（香港）出版集團有限公司
　　　　　　香港灣仔駱克道 193 號東超商業中心 1 樓
　　　　　　電話：+852-2508-6231 傳真：+852-2578-9337
　　　　　　Email：hkcite@biznetvigator.com
馬新發行所／城邦（馬新）出版集團 Cité（M）Sdn. Bhd.
　　　　　　41, Jalan Radin Anum, Bandar Baru Sri Petaling,
　　　　　　57000 Kuala Lumpur, Malaysia
　　　　　　電話：+603-9057-8822 傳真：+603-9057-6622
　　　　　　Email：cite@cite.com.my
印　　　刷／卡樂彩色製版印刷有限公司
初　　　版／2019 年 8 月
售　　　價／300 元
Ｉ Ｓ Ｂ Ｎ／978-957-9699-98-3

城邦讀書花園　布克文化
www.cite.com.tw　www.sbooker.com.tw